ROMAN SCHNEIDER

Öffentliche Unternehmen als Mittel einer
interventionistischen Wettbewerbspolitik

Volkswirtschaftliche Schriften

Herausgegeben von Prof. Dr. J. Broermann, Berlin

Heft 320

Öffentliche Unternehmen als Mittel einer interventionistischen Wettbewerbspolitik

Von

Roman Schneider

DUNCKER & HUMBLOT / BERLIN

Alle Rechte vorbehalten
© 1982 Duncker & Humblot, Berlin 41
Gedruckt 1982 bei Berliner Buchdruckerei Union GmbH., Berlin 61
Printed in Germany

ISBN 3 428 05169 6

Inhaltsverzeichnis

Abkürzungsverzeichnis 8

1. **Einleitung** 9
1.1. Zur Problematik der Arbeit 9
1.2. Zum Gang der Arbeit 11

2. **Ziele der Wettbewerbspolitik in verschiedenen wettbewerbspolitischen Leitbildern** 14
2.1. Der Wettbewerbsbegriff 14
2.2. Darstellung der wettbewerbspolitischen Leitbilder 18
2.2.1. Das Modell des vollkommenen Wettbewerbs als nicht zu realisierende Norm 19
2.2.1.1. Darstellung 19
2.2.1.2. Kritik am Modell 19
2.2.2. Der funktionsfähige Wettbewerb als Leitbild der Wettbewerbspolitik 21
2.2.2.1. Der formale Aufbau der Definition des funktionsfähigen Wettbewerbs 21
2.2.2.2. Zur Entwicklung des Workability-Konzepts 24
2.3. Zur Problematik der Zielbestimmung in wirtschaftspolitischen Konzeptionen 25
2.3.1. Ökonomischer Aspekt als genereller Ordnungsmaßstab 25
2.3.2. Grundziele als Grundsätze der Strukturrichtigkeit 26
2.4. Ziele der Wettbewerbspolitik 27
2.5. Kompatibilität der wettbewerbspolitischen Hauptziele 31

3. **Mittel der Wettbewerbspolitik** 33
3.1. Kontrollmöglichkeiten 33
3.1.1. Prinzip der Nichtigkeit von Verträgen 33
3.1.2. Mißbrauchsaufsicht 34

3.2.	Marktkonforme Eingriffsmöglichkeiten	36
3.2.1.	Steuerpolitische Maßnahmen	36
3.2.2.	Kreditpolitische Maßnahmen	37
3.2.3.	Außenwirtschaftliche Maßnahmen	37
3.2.4.	Informationserhöhende Maßnahmen	38
3.3.	Institutionelle Maßnahmen (Möglichkeiten des partiellen Parameter-Entzuges)	39
3.4.	Ordnungspolitische Alternativen	40
4.	**Öffentliche Unternehmen als Mittel der Wettbewerbspolitik**	**42**
4.1.	Arbeitsdefinition der öffentlichen Unternehmen	46
4.1.1.	Öffentliches Interesse als Leerformelproblem	50
4.1.2.	Auffüllen der Leerformel mit gewollten Sachverhalten	53
4.2.	Ziele öffentlicher Unternehmen und deren Operationalisierung	53
4.2.1.	Einfluß der Träger öffentlicher Unternehmen auf die Zielbildung und deren Durchsetzungsmöglichkeiten	58
4.2.2.	Zu den Strukturmerkmalen des Sinns	61
4.2.2.1.	Institutionell festgelegter Sinn hinsichtlich der Wettbewerbsfunktion	62
4.2.2.2.	Tatsächlicher, subjektiv gemeinter Sinn hinsichtlich der Wettbewerbsfunktion	63
4.3.	Wettbewerbsergänzungsfunktion — Die Notwendigkeit des Anbieters öffentlicher Güter	65
4.4.	Anpassungsfunktion der öffentlichen Unternehmen an die Optimalbedingungen des wohlfahrtsökonomischen Modells	71
4.5.	Wettbewerbsfunktion im Sinne eines funktionsfähigen Wettbewerbs	73
4.6.	Öffentliche Unternehmen als Machtfaktor im Sinne einer gegengewichtigen Marktmacht	76
5.	**Zur wettbewerbspolitischen Wirkung öffentlicher Unternehmen**	**81**
5.1.	Ein- und Mehrfaktorentheorien zur Ermittlung des Erfolges des Mittels „öffentliches" Unternehmen	82
5.2.	Versuch von Wirkungsanalysen des Mittels „öffentliches" Unternehmen	83
5.2.1.	Einbeziehung des zeitlichen Horizonts	84
5.2.2.	Marktform und Wirkungsweise öffentlicher Unternehmen	85

5.2.2.1. Wirkung im Monopol 86
5.2.2.2. Wirkungsweise öffentlicher Unternehmen im Oligopol 89
5.2.2.3. Wirkungsweise öffentlicher Unternehmen im Polypol 92
5.2.3. Abhängigkeit der Wirkung öffentlicher Unternehmen von der Güter- und Leistungsart 95
5.2.4. Konkurrenzfähige Größe gemeinwirtschaftlicher Unternehmen als notwendige Voraussetzung zum Mitteleinsatz 97

6. **Zusammenfassung** 100

Literaturverzeichnis 106

Abkürzungsverzeichnis

AG	=	Aktiengesellschaft
Anm. d. Verf.	=	Anmerkung des Verfassers
Art.	=	Artikel
Aufl.	=	Auflage
Bd.	=	Band
BRD	=	Bundesrepublik Deutschland
bzw.	=	beziehungsweise
Diss.	=	Dissertation
ders./diess.	=	derselbe/diesselben
d. h.	=	das heißt
ebd.	=	ebenda
etc.	=	et cetera
EWG / EG	=	Europäische Wirtschaftsgemeinschaft
f.	=	folgende Seite
ff.	=	folgende Seiten
gBW	=	gemeinwirtschaftliche Betriebswirtschaft
GG	=	Grundgesetz der Bundesrepublik Deutschland
GWB	=	Gesetz gegen Wettbewerbsbeschränkungen
HdSW	=	Handwörterbuch der Sozialwissenschaften
Hervorh.	=	Hervorhebung
Hrsg.	=	Herausgeber
ins.	=	insbesondere
i. V. m.	=	in Verbindung mit
Jg.	=	Jahrgang
Kap.	=	Kapitel
m. E.	=	meines Erachtens
N. F.	=	Neue Folge
Nr.	=	Nummer
o. a.	=	oben angeführt
Orig.	=	Original
S.	=	Seite
s. a.	=	siehe auch
s. w. u.	=	siehe weiter unten
u. a.	=	unter anderem
u. ä.	=	und ähnliches
u. M. v.	=	unter Mitwirkung von
u. s. f.	=	und so fort
usw.	=	und so weiter
Vgl.	=	Vergleiche
WISU	=	Zeitschrift das Wirtschaftsstudium
z. B.	=	zum Beispiel
ZfbF	=	Zeitschrift für betriebswirtschaftliche Forschung
ZfB	=	Zeitschrift für Betriebswirtschaft
z. T.	=	zum Teil

Der Liberalismus lehrt, daß wir den bestmöglichen Gebrauch von den Kräften des Wettbewerbs machen sollen, um die Wirtschaftsaktivitäten der Individuen aufeinander abzustimmen, er lehrt aber nicht, daß wir die Dinge sich selber überlassen sollen.

F. A. v. Hayek

1. Einleitung

1.1. Zur Problematik der Arbeit

Die Zielsetzung vorliegender Arbeit liegt darin, eine Antwort auf die Frage zu finden, ob öffentliche Unternehmen als Mittel (Instrument) der Wettbewerbspolitik dienen können. Diese vor allem von Thiemeyer vertretene „Instrumentalthese", die besagt, daß öffentliche Unternehmen Instrumente des Trägers (Staat und Gemeinden) und somit Instrumente der Wirtschaftspolitik sein können[1], gilt es als Hauptproblemstellung dieser Arbeit zu hinterfragen. Gemäß der Themenstellung soll nicht die generelle wirtschaftspolitische Instrumentalität öffentlicher Unternehmen zu Sprache kommen (falls sie überhaupt zu konstatieren sein sollte). Es ist lediglich die Wettbewerbspolitik als eine „Subpolitik" der Wirtschaftspolitik (als Untersuchungsgegenstand) herauszustellen.

Im Rahmen dieser Arbeit ist zu hinterfragen, ob überhaupt die Instrumentalthese aufgrund der durch die Unternehmensträger vorgegebenen Ziele in der realen Wettbewerbspolitik eine Berechtigung besitzt, denn hinter der Instrumentalthese steht noch eine andere Frage, auf die es eine Antwort zu finden gilt: Wie können durch einzelwirtschaftliche Zielsetzungen auch wirksam makroökonomische Kategorien beeinflußt werden?

Unkritische Bekenntnisse zur wirtschafts- bzw. wettbewerbspolitischen Instrumentalität spiegeln sich in der Literatur wider. Es ist die Rede von öffentlichen Unternehmen „... als Instrument zur Gestaltung des Sozialstaates und der Wirtschaftspolitik"[2], als „Instrument der öf-

---

[1] Vgl. *Thiemeyer*, Theo: Wirtschaftslehre öffentlicher Betriebe, Reinbek 1975, S. 28.

[2] *Püttner*, Günter: Die öffentlichen Unternehmen. Verfassungsfragen zur wirtschaftlichen Betätigung der öffentlichen Hand, Bad Homburg v. d. H.— Berlin—Zürich 1969, S. 6.

fentlichen Wirtschaftspolitik"[3] und bezogen auf das Kriterium der Trägerschaft können öffentliche Unternehmen „... hiernach durchaus Instrumente des Staates sein, wenn dieser durch Kapitalbesitz und/oder Teilnahme an der Unternehmensleitung Zielsetzung und Zielerreichung beeinflußt"[4]. Blum spricht von ständigem Einsatz öffentlicher Unternehmen zur vielleicht besseren Erreichung wettbewerbspolitischer Ziele[5].

Es scheint, als verwechseln viele Autoren Wunsch und Wirklichkeit. Eine Prüfung der wettbewerbspolitischen Instrumentalität öffentlicher Unternehmen findet kaum statt. Hieran liegt auch das besondere Anliegen dieser Arbeit. Es soll aufgezeigt werden, daß pauschale Aussagen über die wettbewerbspolitische Instrumentalität öffentlicher Unternehmen zu nichts, außer zu Irrtümern, führen.

Der Titel der Arbeit besagt, daß sogenannte öffentliche Unternehmen die Erkenntnisobjekte sein sollen. Dies bedarf schon hier einer inhaltlichen Klärung zur Vermeidung von Mißverständnissen über das Gebilde eines öffentlichen Unternehmens.

Öffentlich kann ein Unternehmen nach Thiemeyer dadurch sein, daß a) die öffentliche Hand die Trägerschaft übernimmt, b) durch Rechtsbefehl einem Kontrahierungszwang unterliegt und c) öffentliche Interessen befriedigt werden[6]. Ob nun öffentliche Unternehmen immer in gemeinwirtschaftlichem Sinne tätig sind, geht aus obigen Abgrenzungskriterien nicht hervor. Im Sinne dieser Arbeit sind öffentliche Unternehmen dann zu den gemeinwirtschaftlichen Betriebswirtschaften hinzuzurechnen, wenn nicht nur rein formale Abgrenzungskriterien (z. B. die Trägerschaft) angeführt werden können, sondern auch faktisches gemeinwirtschaftliches Verhalten (zum Wohle einer übergeordneten Gesamtheit[7]) — was immer man darunter auch verstehen mag — erkennbar ist.

---

[3] *Hax*, Karl: Die öffentliche Unternehmung in der Marktwirtschaft, in: Finanzarchiv, Bd. 27, N. F., 1968, Heft 1/2, S. 47.

[4] *Schmidt*, Ralf-Bodo: Die Instrumentalfunktion der Unternehmung — Methodische Perspektiven zur betriebswirtschaftlichen Forschung, in: Zeitschrift für betriebswirtschaftliche Forschung, 19. Jg., 1967, S. 236.

[5] Vgl. *Blum*, Reinhard: Der Wettbewerb im wirtschaftspolitischen Konzept, in: Zeitschrift für die gesamte Staatswissenschaft, 121. Bd., Heft 1, 1965, S. 88.

[6] Vgl. *Thiemeyer*, Theo: Wirtschaftslehre öffentlicher Betriebe, S. 19.

[7] Vgl. Terminologie-Ausschuß: Die Definitionen des Terminologie-Ausschusses der Gesellschaft zur Förderung der öffentlichen Wirtschaft, in: Archiv für öffentliche und freigemeinwirtschaftliche Unternehmen, Bd. 1, 1954, Heft 3, S. 276.

1.2. Zum Gang der Arbeit

Ausgehend von der Hauptfragestellung nach der wettbewerbspolitischen Instrumentalität öffentlicher Unternehmen sind Subfragen abzuleiten. Eine erste Subfrage muß sich auf die Wettbewerbsordnung beziehen. Sie muß abzielen auf die Beantwortung der Frage, welches wettbewerbspolitische Leitbild in der Bundesrepublik Deutschland verfolgt wird, denn nur dann, wenn man sich des zu verfolgenden Leitbildes bewußt ist, erkennt man auch gleichzeitig die durch die Wettbewerbspolitik zu verfolgenden Ziele, wobei aber eine genaue Klärung der Inhalte dessen, was unter Wettbewerb zu verstehen ist, vorweg zu erfolgen hat. Wettbewerb kann betrachtet werden unter dem Aspekt a) der am Marktgeschehen beteiligten Subjekte, b) hinsichtlich der Dimensionen, wie z. B. Preis, Qualität etc. und c) der Marktformen, denn aus dem sich quasi-automatisch ergebenden Zusammenhang von Marktformen und Unternehmerverhalten können die verschiedensten Auslegungen des Wettbewerbsbegriffes erfolgen.

Werden wettbewerbspolitische Zielsetzungen bestimmt, gilt es zu erkennen, daß aus den Seinszuständen und ihrer Sachgesetzlichkeit sowie aus der Natur der Dinge Grenzen gezogen sind, die die Art der Zielbestimmbarkeit einzuschränken in der Lage sind. In eine wirtschaftspolitische Zielbestimmung fließen andererseits aber auch subjektiv weltanschauliche Wertungen ein, wobei der ökonomische Aspekt als genereller Ordnungsmaßstab von besonderem Interesse ist.

Aufbauend auf die in die Zielbestimmung einfließenden Größen und unter Einbeziehung des wettbewerbspolitischen Leitbildes sollen die mit der staatlichen Wettbewerbspolitik verfolgten Ziele erörtert werden, da nur von den Zielen her der zu normierende Wettbewerb seinen Inhalt empfangen kann. Der Zielkatalog des Wettbewerbs wird in Anlehnung an Hoppmann in die beiden Zielkomplexe „Freiheit des Wettbewerbs" und „gute ökonomische Marktergebnisse" unterteilt, unter Berücksichtigung, daß der erste Zielkomplex eine gesellschaftspolitische und der zweite Komplex eine ökonomische Funktion besitzt.

Danach soll die Frage der Kompatibilität der wettbewerbspolitischen Hauptziele diskutiert werden, was beinhaltet, daß nicht notwendigerweise Harmonie zwischen den Hauptzielen bestehen muß, vor allem dann nicht, wenn der Wettbewerb als Instrument zur Erreichung überpersönlicher Zwecke angesehen wird. Politische Entscheidungen sind notwendig, um die eventuelle Vorrangstellung eines Zieles zu gewährleisten.

In einem weiteren Kapitel ist die nächste Subfrage zu beantworten: Welche Mittel können Anwendung zur Erreichung bzw. Annäherung an das wettbewerbspolitische Leitbild finden? Selbst wenn man Thiemeyers Instrumentalthese ungeprüft übernimmt, ist prima vista zu erkennen, daß nicht nur alleine öffentliche Unternehmen als „Alleinheilmittel" angesehen werden können.

Die dem Staat zur Verfügung stehenden Mittel sollen im dritten Kapitel nur kurz umrissen werden, um den Bezug zu der Thematik dieser Arbeit nicht zu verlieren. Auch ist eine vollzählige Darstellung aller dem Staat zur Verfügung stehenden Mittel nicht beabsichtigt. Als Mittel der Wettbewerbspolitik sind hier Kontrollmöglichkeiten, marktkonforme Eingriffsmöglichkeiten, institutionelle und letztlich ordnungspolitische Maßnahmen bzw. Alternativen anzuführen. Unter diesem letzten Punkt sind u. a. die öffentlichen Unternehmen hinzuzurechnen, wobei unter den ordnungspolitischen Maßnahmen nicht an eine Überwindung, sondern an eine Aufrechterhaltung der dieser Arbeit zugrunde liegenden rechtlichen, politischen sowie (markt-)wirtschaftlichen Verhältnisse in der Bundesrepublik Deutschland gedacht ist.

Die Charakteristika öffentlicher Unternehmen (als wettbewerbspolitisches Mittel von Thiemeyer als ein Zentralproblem der gemeinwirtschaftlichen Theorie bezeichnet) kommen, aufbauend auf den bis dahin gemachten Ausführungen, in einem weiteren Kapitel zur Sprache. Hingewiesen sei bereits an dieser Stelle darauf, daß öffentliche Unternehmen nicht ausschließlich zur Verfolgung wettbewerbspolitischer Ziele dienen (können), sondern auch instrumentalen Charakter für die Raumordnungs-, Sozial-, Konjunktur- und Verfassungspolitik besitzen (können).

Hierzu sind zunächst grundlegende Ausführungen über den Charakter eines öffentlichen Unternehmens zu machen, bevor über die den öffentlichen Unternehmen aufgegebenen Ziele diskutiert werden soll.

Wichtig erscheint ebenfalls eine Darstellung der für die Zielbestimmung öffentlicher Unternehmen zu berücksichtigenden Faktoren. Betrachtet man öffentliche Unternehmen als Instrumente in den Händen ihrer Träger, wird man dem realen Wirtschaftsverhalten nicht gerecht, denn neben der Eigentümerkörperschaft machen noch andere Gruppen ihren Einfluß auf das öffentliche Unternehmen geltend (so z. B. die Gewerkschaften, Kunden, Lieferanten, Kreditgeber etc.).

Im Anschluß daran soll die Frage aufgeworfen werden, welche Sinneigenschaften das Verhalten eines Gebildes wie ein öffentliches Unternehmen bestimmen. In Anlehnung an die von Weisser im Rahmen der unternehmensmorphologischen Forschung eingebrachte Unterteilung in den institutionell festgelegten und subjektiv gemeinten Sinn einer Unternehmung ist zu prüfen, ob überhaupt öffentliche Unternehmen wettbewerbspolitische Ziele verfolgen (sollen).

1.2. Zum Gang der Arbeit

Breiter Raum wird der Darstellung der Funktionen gegeben, die ein öffentliches Unternehmen im Rahmen seiner wettbewerbspolitischen Ziele wahrzunehmen in der Lage ist. Die Funktionen sollen unterteilt werden in die Wettbewerbsergänzungsfunktion, die besagt, daß öffentliche Unternehmen nur dann und insoweit tätig werden sollen, als privatwirtschaftliches Wirtschaften die Zwecke nach politisch vorherrschender Auffassung nicht ebenso gut verwirklichen kann, sowie in die sogenannte Anpassungsfunktion an die Optimalbedingungen des wohlfahrtsökonomischen Modells (Frage der sozialen Wohlfahrt als ein Problem der Amalgamation der individuellen Präferenzen zu einem sozialen Wohlfahrtsoptimum). Des weiteren ist die wettbewerbspolitische Funktion öffentlicher Unternehmen im Rahmen der funktionsfähigen Konkurrenz als zu verfolgendes wettbewerbspolitisches Leitbild zu sehen. Die Frage ist hier, ob öffentliche Unternehmen im Sinne einer funktionsfähigen Konkurrenz tätig werden können bzw. ob sie überhaupt zur Verfolgung dieses Leitbildes geeignet sind.

Auch kommt die Funktion öffentlicher Unternehmen als sogenannte gegengewichtige Marktmacht zur Sprache; die Funktion soll mit dem Konzept der „Countervailing Power" in Einklang gebracht werden.

Neben dieser ausgedehnten Darstellung der wettbewerbspolitischen Funktionen öffentlicher Unternehmen verlangt die Thematik nach einer Kritik an den Funktionen. Diese Kritik an den Funktionen soll in der Untersuchung der Wirkung öffentlicher Unternehmen Einzug finden. Als eine weitere Subfrage wäre also die Frage nach der wettbewerbspolitischen Wirksamkeit öffentlicher Unternehmen zu stellen. Im Sinne einer Erfolgswürdigung ist die Wirkung öffentlicher Unternehmen unter dem Zeitaspekt, dem Aspekt der Marktformen, dem Aspekt des Marktanteils sowie unter der Abhängigkeit der Wirkung von der Güter- bzw. Leistungsart zu betrachten.

Zum Abschluß der Arbeit sollen, um den Subfragenkreis zu schließen, in resümierender Weise Hypothesen aufgestellt werden, die sich zum einen auf die als Hauptfragestellung eingebrachte Instrumentalthese beziehen. Es ist zu fragen, ob überhaupt mittels öffentlicher Unternehmen Interventionserfolge verzeichnet werden können und wie es um die Eignung öffentlicher Unternehmen als „Universalwerkzeug" der Wirtschafts- bzw. Wettbewerbspolitik bestellt ist. Zum anderen soll ein Wirkungsvergleich der klassischen wettbewerbspolitischen Mittel zu dem Instrument öffentliches Unternehmen angestrebt werden.

2. Ziele der Wettbewerbspolitik in verschiedenen wettbewerbspolitischen Leitbildern

2.1. Der Wettbewerbsbegriff

Um die Ziele einer Wettbewerbspolitik erörtern zu können, erscheint es als notwendige Voraussetzung sich darüber Klärung zu verschaffen, welche verschiedenen Inhalte unter dem Begriff „Wettbewerb"[1] subsumiert werden.

Fragwürdig wird es sein, wenn man einen Wettbewerbsbegriff finden wollte, der sich als Grundlage für die Untersuchung von jeglichen allgemeinen und/oder speziellen Wettbewerbsproblemen eignet. Mithin ist es erforderlich, den Wettbewerbsbegriff auf die spezielle Fragestellung (Zielsetzung) einer Arbeit abzustellen bzw. anzupassen, wobei aber die Vielschichtigkeit des Wettbewerbsbegriffes zu erkennen ist, bevor der dieser Arbeit zugrunde liegende Wettbewerbsbegriff dargestellt wird.

Der Wettbewerb kann in einem ersten Aspekt vom Subjekt her gesehen werden. Nach Rieger sind demnach a) Wettbewerb unter Anbietern, b) Wettbewerb unter Nachfragern und c) „Wettbewerb zwischen Anbietern und Nachfragern um günstige Tauschbedingungen..."[2] anzuführen, wobei die letztgenannte Möglichkeit als eine „gegengewichtige Marktmacht" im Sinne Galbraith' zu interpretieren und somit nicht als echte Konkurrenzbeziehung anzusehen ist. In dieser Arbeit soll der Wettbewerbsbegriff von Relevanz sein, der den Wettbewerb unter Anbietern zum Inhalt hat.

Rieger unterscheidet weiter nach den Dimensionen des Wettbewerbs in a) Preiswettbewerb, b) Qualitätswettbewerb und c) Präferenzwettbewerb[3]. Vor allem wurde nach dieser Einteilung dem Preiswettbewerb

---

[1] Die Begriffe Wettbewerb und Konkurrenz seien hier synonym verwendet, obwohl Röpke Unterschiedlichkeiten, die sich aus der Verwendung des Begriffes Konkurrenz ergeben, sieht, da der Konkurrenzbegriff mit positiven, vor allem aber mit negativen Assoziationen verknüpft war und daher durch „... einen frischen und daher zunächst neutraleren (Begriff, nämlich Wettbewerb; Anm. d. Verf.) zu (er)setzen ist". Siehe *Röpke*, Wilhelm: Artikel „Wettbewerb II", Ideengeschichtliche und ordnungspolitische Stellung, in: HdSW, Bd. 12, 1962, S. 33.

[2] *Rieger*, H. R. W.: Der Güterbegriff in der Theorie des Qualitätswettbewerbs, Berlin 1962, S. 13.

[3] Vgl. *Rieger*, H. R. W.: S. 15.

der breiteste Raum gewidmet, was jedoch letztlich von den wettbewerbspolitischen Leitbildern abhängig ist. Versuche zur Erklärung der Wirkung des vollkommenen Wettbewerbs führen in der Regel über preistheoretische Bahnen. Folgt man aber dem Leitbild einer „funktionsfähigen Konkurrenz", so steht z. B. der Wettbewerb über Nebenleistungen oder der Qualitätswettbewerb im Vordergrund, weil die Praxis dies als die höchste Intensität des Wettbewerbs empfindet[4].

Betrachtet man den Wettbewerb unter dem dritten Aspekt, der Marktform, so ergeben sich aus dem quasi-automatischen Zusammenhang zwischen Marktform und Unternehmerverhalten die verschiedensten Auslegungen des Wettbewerbsbegriffs[5]. Hierdurch könnte ersichtlich werden, welchem Leitbild einer Wettbewerbspolitik sich die Vertreter und Anwender der Marktformenlehre anschließen. Daß dieses Leitbild, nämlich die vollkommene Konkurrenz, an seinen unrealistischen Prämissen scheitert und somit zu verwerfen ist (was weiter unten noch aufzuzeigen sein wird), wird schon daraus ersichtlich, da Kategorisierungen getroffen werden wie z. B. das unbedingt notwendige Einstellen des Wettbewerbs im Polypol. Abhilfe aus diesem Begriffsdilemma kann hier besonders das von Hesselbach, der für die öffentlichen Unternehmen die Hauptaufgabe in der Wettbewerbsfunktion sieht, herangezogene Konzept des funktionsfähigen Wettbewerbs schaffen[6], da die Bedeutung der Marktform relativiert wird und der Wettbewerb letztlich nur danach beurteilt wird, welche volkswirtschaftlichen Funktionen ein Unternehmen zu erfüllen in der Lage ist (auf die Problematik des sog. „Workable-Competition-Konzepts" soll weiter unten eingegangen werden).

Aus diesen Hauptgesichtspunkten, die sicherlich nicht annähernd alle möglichen Klassifizierungen des Wettbewerbsbegriffs widerspiegeln (und auch nicht den Anspruch auf Vollständigkeit erheben), ist zu ersehen, welche unterschiedlichen Interpretationsmöglichkeiten des Wettbewerbsbegriffes möglich sind. Zur Findung einer praktikablen wie auch justiziablen Definition soll an dieser Stelle neben der volkswirtschaftlichen auch die rechtswissenschaftliche Literatur eingesehen werden.

---

[4] Vgl. *Kühne*, Karl: Funktionsfähige Konkurrenz, Monopolistische Restriktion und Wettbewerbsproblem in der modernen Wirtschaft, Volkswirtschaftliche Schriften, Heft 39, Berlin 1958, S. 83 ff.
[5] Vgl. *Himmler*, Ulrich: Öffentlich-rechtliche Wettbewerbsbeschränkungen, Köln—Bonn—Berlin—München 1967, S. 20.
[6] Vgl. *Hesselbach*, Walter: Die gemeinwirtschaftlichen Unternehmen, Instrumente gewerkschaftlicher und genossenschaftlicher Struktur- und Wettbewerbspolitik, Frankfurt a. M. 1971, S. 177.

2. Ziele der Wettbewerbspolitik

Da die interventionistische Funktion öffentlicher Unternehmen nur dann einer Prüfung standhalten kann, wenn sie an dem wettbewerbspolitischen Leitbild mit all seinen Implikationen gemessen wird, sei hier auf die Regierungsbegründung zu dem Entwurf eines Gesetzes gegen Wettbewerbsbeschränkungen zurückgegriffen[7]. In o. a. Begründung wird betont, daß in einer Wettbewerbswirtschaft, als ökonomischste und zugleich demokratischste Form einer Wirtschaftsordnung, nur dann der Staat von wirtschaftspolitischen Eingriffen Gebrauch machen soll, wenn sonst der Marktmechanismus nicht aufrechtzuerhalten ist, und zwar auf den Märkten, auf denen die Marktform der vollständigen Konkurrenz nicht zu erzielen ist[8]. Vom Gesetzgeber werden Einschränkungen angeführt, und zwar bezüglich historischer, technischer und struktureller Gegebenheiten, die es nicht angezeigt erscheinen lassen, eine vollständige Konkurrenz herzustellen, da Interventionen nicht dazu geeignet sind in diesen besonderen Fällen zur Leistungssteigerung und zum Fortschritt beizutragen. Man könnte geneigt sein zu behaupten, daß die neoliberale Schule mit ihrer Orientierung an die vollständige Konkurrenz im Sinne Euckens hier ihren Einfluß geltend machte.

Jedoch ist der Wettbewerbsbegriff innerhalb der neoliberalen Schule nicht einheitlich: einerseits die Euckensche Auffassung der vollständigen Konkurrenz[9], andererseits die Vertreter eines dynamischen, funktionsfähigen Wettbewerbs wie z. B. v. Hayek[10] und Lutz[11]. Dies zeigte sich dann auch in den Ausführungen zu § 1 GWB-Entwurf, in denen der Wettbewerb als das Streben betrachtet wird, „durch eigene Leistung, die nach Qualität oder Preis besser ist als die Leistung anderer Unternehmer, den Verbraucher zum Abschluß eines Vertrages zu veranlassen"[12]. Des weiteren ist „... unter wirtschaftlichem Wettbewerb jede Art wirtschaftlicher Handlung zu verstehen..., die darauf gerichtet ist, sich im Wirtschaftskampf auf Kosten eines Wettbewerbers einen Vorteil zu verschaffen"[13].

---

[7] Vgl. Begründung zu dem Entwurf eines Gesetzes gegen Wettbewerbsbeschränkungen, nach Anlage 1 zur Bundestags-Drucksache 1158, 2. Wahlperiode, A. I., abgedruckt in: Gemeinschaftskommentar, 1. Aufl.

[8] Vgl. Begründung zu dem Entwurf eines Gesetzes gegen Wettbewerbsbeschränkungen, S. 1059.

[9] Vgl. *Eucken*, Walter: Grundlagen der Nationalökonomie, 6. Aufl., Berlin—Göttingen—Heidelberg 1950, S. 96 ff.

[10] Vgl. *v. Hayek*, F. A.: Individualismus und wirtschaftliche Ordnung, Erlenbach—Zürich 1952, S. 139 f.

[11] Vgl. *Lutz*, F. A.: Bemerkungen zum Monopolproblem, in: ORDO, Bd. 8, 1956, S. 30 ff.

[12] Regierungsbegründung C zu § 1 III d. GWB, in: Gemeinschaftskommentar, S. 1076.

[13] Schriftlicher Bericht des Ausschusses für Wirtschaftspolitik, in: zu Bundestags-Drucksache 3644, 2. Wahlperiode, II zu § 1 GWB, abgedruckt in: Gemeinschaftskommentar, S. 1175.

2.1. Der Wettbewerbsbegriff

Aus diesen doch recht unterschiedlichen Leitbildern entsprechenden Äußerungen wird ersichtlich, daß das wettbewerbspolitische Leitbild noch recht verschwommen und diffus war[14], wobei das Bundeskartellamt sich für die Auslegung des Wettbewerbs im Sinne einer dynamischen Auffassung entschied, da es „... den Wettbewerb vor allem als eine *Verhaltensweise* im Zeitablauf"[15] ansah.

Auch der Wissenschaftliche Beirat beim Bundeswirtschaftsministerium konnte sich nicht auf eine Definition des Wettbewerbs durchringen. Er sah einerseits die vollständige Konkurrenz als Orientierungspunkt unter besonderer Herausstellung der Wichtigkeit des Preiswettbewerbs; andererseits soll auf unvollkommenen Märkten dem Wettbewerb über Nebenleistungen bzw. Qualität der Vorzug gegeben werden, da, so die Hoffnungen, die Vorteile des Wettbewerbs die Nachteile selbst auf unvollkommenen Märkten übertreffen[16].

Falls man sich in einer Volkswirtschaft für den Primat einer Wettbewerbswirtschaft entscheidet, so sind die Ziele der Wettbewerbspolitik in den Wettbewerbsbegriff aufzunehmen, denn Ausgangspunkt können nur die mit der staatlichen Wettbewerbspolitik verfolgten Ziele sein, denn nur „... von den Zielen her kann und muß der Begriff des zu normativierenden Wettbewerbs seinen Inhalt empfangen"[17].

Hoppmann wies ebenfalls auf die Widersprüchlichkeiten zwischen der theoretischen und der praktischen Wettbewerbspolitik hin. Vorausgesetzt seien wirtschaftspolitisch gestaltbare Marktprozesse, da Wettbewerbspolitik eben Wirtschaftspolitik zur Bildung solcher Prozesse darstellt. Daraus folgert er, daß Wettbewerb ein Typ der Marktprozesse im Sinne der dynamischen Betrachtungsweise des Wettbewerbs ist[18].

Die Marktprozesse lassen sich in erwünschte und unerwünschte Prozesse unterteilen. Um hier eine begriffliche Differenzierung vorzunehmen, benötigt man als Klassifikationsmerkmal die Ziele, die durch eine Wettbewerbspolitik erreicht werden sollen. Aus diesen Zielen heraus,

---

[14] Vgl. *Schmidt*, Ingo: Neuere Entwicklungen in der Wettbewerbstheorie unter Berücksichtigung wachstumspolitischer Zielsetzungen, in: Wirtschaft und Wettbewerb, 16. Jg., 1966, Heft 7/8, S. 700 f.

[15] *Himmler*, Ulrich: S. 24.

[16] Vgl. *Blum*, Reinhard: Der Wettbewerb im wirtschaftspolitischen Konzept, in: Zeitschrift für die gesamte Staatswissenschaft, 121. Bd., 1965, Heft 1, S. 64.

[17] *Hoppmann*, Erich: Das Konzept der optimalen Wettbewerbsintensität, in: Jahrbücher für Nationalökonomie und Statistik, Band 179, Stuttgart 1966, S. 288.

[18] Vgl. *Hoppmann*, Erich: Wettbewerb als Norm der Wettbewerbspolitik, in: ORDO, Bd. 18, 1966, S. 78.

die als differentia specifica zu werten sind, „... ergibt sich die Definition jenes erwünschten Typs der Marktprozesse, der die Norm der Wettbewerbspolitik ist"[19].

Die Definition des Wettbewerbs, abgeleitet aus seinen Zielen, soll praktikabel ausgestaltet sein, zumal mit Hilfe dieser Definition bestimmte gesetzliche Vorschriften geschaffen werden sollen, mit denen die Marktprozesse in die gewünschten Bahnen gelenkt werden sollen[20].

Ebensowenig wie eine Wettbewerbsdefinition dem GWB zu entnehmen ist, sind die Wertsetzungen, auf denen politische Rechtfertigungen notwendigerweise fußen, dem GWB expressis verbis nicht zu entnehmen, wobei jedoch die Idee des demokratischen Rechtsstaates und die Idee der ökonomischen Effizienz die Grundlage für das GWB sein sollten. Die Frage „... welche wettbewerbspolitischen Konsequenzen für die Gestaltung der Marktprozesse sich im einzelnen aus der Wertsetzung einer freiheitlichen Grundordnung ergeben, wird nicht gestellt"[21].

Die Idee der ökonomischen Effizienz bezieht sich nicht mehr auf „... eine möglichst ökonomische Durchführung des marktwirtschaftlichen Koordinierungsprogramms, sondern ... (auf) ... die Erfüllung wirtschaftspolitischer Aufgaben"[22]. Die Ergebnisse des Wettbewerbs, jeweils verstanden als ein Optimum, können je nach der Zielsetzung, von Fall zu Fall, geändert werden. Es werden, so Hoppmann, „... von Fall zu Fall konkret vorzuschreibende Marktergebnisse zum wettbewerbspolitischen Beurteilungsmaßstab"[23]. Mittels des Wettbewerbs versucht der Staat bestimmte, konkret formulierte, politische Ziele zu erreichen.

2.2. Darstellung der wettbewerbspolitischen Leitbilder

Wettbewerb in all seinen Erscheinungs- und Ausprägungsformen erfüllt die ihm zugewiesenen Funktionen in recht unterschiedlicher Weise. Nach Schuster wird daher jene spezifische Wettbewerbsform zum wettbewerbspolitischen Leitbild, „die eine maximale Approximation des gesamtwirtschaftlichen Zielkomplexes gewährleistet"[24].

Bevor nun eine Erörterung der gesamtwirtschaftlichen Ziele erfolgt, erscheint es angezeigt, einerseits kurz das Modell des vollkommenen

---
[19] Ebd.: S. 78.
[20] Vgl. ebd.: S. 79.
[21] *Hoppmann*, Erich: „Neue Wettbewerbspolitik": Vom Wettbewerb zur staatlichen Mikro-Steuerung, in: Jahrbücher zur Nationalökonomie und Statistik, Band 184, Stuttgart 1970, S. 400.
[22] Ebd.: S. 400.
[23] Ebd.: S. 401.
[24] *Schuster*, Helmut: Wettbewerbspolitik, München 1973, S. 37.

Wettbewerbs und andererseits das Konzept des funktionsfähigen Wettbewerbs darzustellen, zumal die Einbettung öffentlicher Unternehmen in eine Wirtschaftsordnung erfolgen soll. Von Wichtigkeit sei vor allem die Frage, welchem Leitbild der Gesetzgeber folgt, zumal besonders die Beantwortung dieser Frage hinsichtlich des Instrumentalcharakters der öffentlichen Unternehmen von Relevanz ist.

2.2.1. Das Modell des vollkommenen Wettbewerbs als nicht zu realisierende Norm

2.2.1.1. *Darstellung*

Der vollkommene Wettbewerb ist als Modell lediglich als eine Hilfskonstruktion zur logischen Behandlung von wirtschaftlichen Problemen anzusehen, wobei dessen Bedingungen nicht verifizierbar sind[25].

Die Voraussetzungen des vollkommenen Wettbewerbs auf einem unbeschränkt vollkommenen Markt sind in einer mathematisch-abstrakten Theorie dahin gehend zu komprimieren, daß der Preis nach dem sogenannten „law of indifference" sich einheitlich, also als Datum, für Käufer und Verkäufer darstellt[26]. Des weiteren sind für alle Hersteller gleiche Produktionsbedingungen impliziert.

2.2.1.2. *Kritik am Modell*

Es ist zu fragen, ob überhaupt noch von Wettbewerb die Rede sein kann, wenn von dem Mengenanpasser der Preis als Datum nicht beeinflußt werden kann. Lutz, Vertreter der dynamischen Wettbewerbsauffassung, meint, daß ein Anbieter nur dann von einem Konkurrenzgefühl beherrscht wird, wenn er den Preis auch beeinflussen kann[27]. Röpke, ebenso ein Vertreter der dynamischen Wettbewerbsauffassung, ist der Ansicht, daß durch das mathematisch-abstrakte Modell des vollkommenen Wettbewerbs der dynamische (Prozeß-)Aspekt verlorengeht. Gerade aber dieser dynamische Aspekt ist es, „auf den sich die Argumente zugunsten des Wettbewerbs und des Konkurrenzsystems stützen"[28]. Dieser dynamische Aspekt äußert sich vor allem in der wettbewerblichen Antriebsfunktion, wohingegen die andere wettbewerbliche

---

[25] Vgl. *Schmidt,* Ingo: Zum Begriff des Preiswettbewerbs nach § 16 GWB, in: Wirtschaft und Wettbewerb, 1964, Heft 2, S. 121.
[26] Vgl. *Paulsen,* Andreas: Allgemeine Volkswirtschaftslehre, Bd. III, Stuttgart 1969, S. 41 (Gesetz der Unterschiedslosigkeit bezüglich der letzten zum Angebot kommenden Faktoreinheit. Diese muß ein Entgelt erzielen, das dem Wert des Grenzprodukts dieser Einheit gleich ist).
[27] Vgl. *Lutz,* F. A.: S. 30 ff.
[28] *Röpke,* Wilhelm: S. 33.

Funktion, nämlich die Ordnungsfunktion, statische wie auch dynamische Merkmale aufweist, also dem Modell des vollkommenen Wettbewerbs zumindest in diesem Punkte Genüge getan wird.

Die Antriebsfunktion im Sinne Röpkes wird in dem vollkommenen Wettbewerb nicht maximiert; die positiven Folgen für einen vollkommenen Wettbewerb bestehen in den geringstmöglichen Produktionskosten, „deren Minimum langfristig = der Preis ist"[29]. Sollte in dem beschriebenen Modell, dessen Bedingungen nicht verifizierbar sind, nicht die Antriebsfunktion als Selbstzweck vorhanden sein, könnte man den vollkommenen Wettbewerb als Konkurrenz bejahen. Der unvollkommene Wettbewerb, der realiter vorzufinden ist, benötigt jedoch eine Antriebsfunktion, um „neue Produktionskombinationen durchzusetzen und die Gewinne nicht in den Himmel wachsen zu lassen"[30].

Die Bedingungen des vollkommenen Wettbewerbs[31] sind in der Realität nicht erfüllbar, zumindest ist ein gleichzeitiges Vorfinden aller Bedingungen nicht denkbar. Dies bedeutet aber nicht, daß der vollkommene Wettbewerb nicht als Referenzstandard, also als Leitbild, dienen kann, den es maximal zu approximieren gilt[32].

Dieser Referenzstandard kann jedoch verloren gehen, wenn die Vollkommenheitsbedingungen nur in bestimmten, nicht aber in allen Teilbereichen der Wirtschaft erreichbar sind. Kühne[33] sieht weniger den Referenzstandard als „Zweck" des vollkommenen Wettbewerbs; er geht davon aus, daß die Einführung des vollkommenen Wettbewerbs aus anderen Gründen scheitern muß, nämlich einerseits das Finden eines unternehmensspezifischen Schnittpunktes von Grenzkosten- und Preiskurve. Eine genaue Kalkulation ist schwerlich möglich, der Durchschnittsunternehmer wird sich mit einem prozentualen Aufschlag auf seine Grundkosten begnügen[34]. Andererseits wird ein Sinken des Marktpreises kaum möglich sein, da jedes (Groß-)Unternehmen seine eigene Preisstrategie betreibt. Der Datumscharakter des Preises geht somit verloren.

---

[29] *Schmidt*, Ingo: Zum Begriff, S. 122, sinngemäß nach *Abbot*, Lawrence: Qualität und Wettbewerb, München 1958.
[30] Vgl. ebd.: S. 122.
[31] Auch mit dem Pareto-Optimum zu bezeichnen. Das Pareto-Optimum zeigt die Situation, in der es nicht mehr möglich ist, das Nutzenniveau von Wirtschaftssubjekten zu erhöhen, ohne die Wohlfahrt von anderen Subjekten zu senken.
[32] Vgl. *Schuster*, Helmut: S. 44.
[33] Vgl. *Kühne*, Karl: Das gemeinwirtschaftliche Unternehmen als Wettbewerbsfaktor, Frankfurt a. M. 1971, S. 12.
[34] Vgl. *Kühne*, Karl: Das gemeinwirtschaftliche Unternehmen, S. 12.

2.2. Die wettbewerbspolitischen Leitbilder

Weiterhin dürften sich Schwierigkeiten bei der Bedingung des freien Marktzutritts ergeben, denn, so fragt Kühne, wo sollen all die weiteren, neuen Wettbewerber herkommen[35], die die Gewinnlosigkeit bewirken sollen?

Schuster lehnt, auch wenn alle Bedingungen erfüllbar wären, den vollkommenen Wettbewerb deshalb ab, weil andererseits die Großbetriebsvorteile verloren gingen, wie auch eine mangelhafte Anreizwirkung zu verzeichnen wäre. Da die von Röpke angeführte Antriebsfunktion fehlt (es liegt eine statische Ausrichtung des Ideals vor), ist weiterhin mangelnde Dynamik zu beklagen[36].

Aus dem Gesagten ergibt sich folglich, daß weder durch das Modell des vollkommenen Wettbewerbs ein Referenzstandard geschaffen wird, noch ein Leitbild einer Wettbewerbspolitik aufgrund seiner wirklichkeitsfremden Bedingungen in dem vollkommenen Wettbewerb gesehen werden kann, was auch von den eifrigsten Verfechtern dieses Modells nicht bestritten werden kann.

2.2.2. Der funktionsfähige Wettbewerb als Leitbild der Wettbewerbspolitik

2.2.2.1. Der formale Aufbau der Definition des funktionsfähigen Wettbewerbs

Durch die Kritik am Modell des vollkommenen Wettbewerbs, das als Leitbild einer Wettbewerbspolitik auf die Erfüllung aller Marginalbedingungen angewiesen ist und aufgrund der Unerfüllbarkeit dieser Forderungen den Anspruch als Leitbilder hat aufgeben müssen, wurden realitätsnähere Modelle einer Wettbewerbspolitik entwickelt, die in der Literatur als funktionsfähiger oder arbeitsfähiger Wettbewerb (workable competition) bezeichnet werden[37]. (Hinsichtlich des Begriffs kann man sich streiten; er erscheint nutzlos und überflüssig, da niemand einen Wettbewerb einzuführen gedenkt, der nicht-funktionsfähig ist. Der Begriff soll darauf hinweisen, daß der vollkommene Wettbewerb nicht als Leitbild angesehen wird.)

Mit Clark's Konzept des funktionsfähigen Wettbewerbs, entstanden aus o. a. Kritik, wurde der Versuch unternommen, „einen realitäts-

---
[35] Vgl. ebd.: S. 13.
[36] Vgl. *Schuster,* Helmut: S. 44.
[37] Vgl. *Hoppmann,* Erich: Das Konzept der optimalen Wettbewerbsintensität, S. 288.

näheren Referenzstandard des Wettbewerbs zu entwickeln"[38]. Dieses nicht geschlossene Modell (das Konzept besteht aus einem Katalog von Merkmalen, die gegeben sein müssen, um Wettbewerb auch als funktionsfähig bezeichnen zu können) hat in den Industrienationen der westlichen Welt den vollkommenen Wettbewerb als Leitbild einer Wettbewerbspolitik nahezu verdrängt[39].

Nach Hoppmann weist jedes Marktgeschehen diverse Eigenschaften auf und „... es wird demzufolge durch eine Anzahl von Merkmalen beschrieben"[40].

1. Merkmale der Marktstruktur

    Hierunter versteht man nicht nur die Marktformen und -strukturen im engeren Sinne, sondern andere, sich relativ langsam verändernde unternehmensexterne Effekte, die das Marktverhalten des Unternehmers bestimmen. Auch versteht man als Strukturkomponenten die Unternehmensformen und den Unternehmensaufbau, die zeitliche Ausdehnung des Marktes sowie u. a. die Marktorganisation (Zahl der Anbieter und Nachfrager)[41].

2. Merkmale des Marktverhaltens

    Hiermit sollen die Verhaltensweisen der Anbieter (Gruppendisziplin, Absprachen) sowie die Zielsetzung oder Verhaltensmaximen (z. B. kurz- oder langfristige Gewinnmaximierung) angesprochen sein.

3. Merkmale des Marktergebnisses

    Hoppmann versteht hierunter „... die ökonomischen Ergebnisse des Wettbewerbs- und Preisbildungsprozesses"[42]. Damit sollen z. B. Produktivitätszuwachs und -qualität, Wachstumsentwicklung des Umsatzes und die Entwicklung von Preisen und Kosten gemeint sein.

Diese ausgeführte Merkmalsgruppierung entspricht der Richtung des Kausalprozesses: Ursache (Marktstruktur und -verhalten) bedingen die Wirkung (Marktergebnis). Da sich nach Hoppmann jedem der Merkmale normative Kriterien zuordnen lassen, durch die definiert wird, wie das

---

[38] *Schuster*, Helmut: S. 46, Schuster bezieht sich auf die Ausführungen Clark's, siehe auch *Clark*, John Maurice: Competition as a Dynamic Process, Washington D. C. 1961.

[39] Vgl. ebd.: S. 47.

[40] *Hoppmann*, Erich: Workable Competition als wettbewerbspolitisches Konzept, in: Theoretische und institutionelle Grundlagen der Wirtschaftspolitik, Theodor Wessels zum 65. Geburtstag, Hrsg.: Hans Besters, Berlin 1967, S. 146.

[41] Vgl. ebd.: S. 146.

[42] Ebd.: S. 146.

2.2. Die wettbewerbspolitischen Leitbilder

Merkmal aussehen soll, ergeben sich sogenannte spezifische Normen für die verschiedenen Merkmale. Diejenige Kollektion spezifischer Normen, „durch die eine den wettbewerbspolitischen Zielsetzungen gemäße wettbewerbliche Ausprägung des Marktgeschehens beschrieben wird, stellt die Definition des workable competition dar"[43]. Aus dieser Definition ist zu ersehen, „wann die Verhältnisse auf einzelnen Märkten als wettbewerbspolitisch zufriedenstellend angesehen werden sollen"[44].

Die diversen Ausformungen der workable competition-Definition werden unter Berücksichtigung der verschiedenen Merkmalsgruppen unterschieden. Aus diesen möglichen Typen der workable competition-Definition werden die normativen Kriterien der Marktstruktur und des Marktverhaltens miteinander kombiniert, die den Ursachenkomplex definieren, aus dem das Marktergebnis kausal resultiert:

1. Marktprozeß-Definitionen

    Test der Marktstruktur und/oder des Marktverhaltens zur Feststellung des funktionsfähigen Wettbewerbs im Sinne der Neoklassiker[45].

2. Marktergebnis-Definitionen

    Test des Marktergebnisses zur Feststellung der Funktionsfähigkeit des Wettbewerbs im Sinne der dynamischen Theorie.

Beide Typen können auch kombiniert auftreten, wobei bei den workable competition-Definitionen die Merkmale auch innerhalb eines Typs unterschiedlich sein können. Hoppmann führt das Beispiel der Feststellung der Funktionsfähigkeit mit Hilfe einer Marktprozeß-Definition an. Eine erste Definition könnte eine spezifische Norm für die absolute Unternehmensgröße, eine zweite Definition eine spezifische Norm für die relative Unternehmensgröße enthalten. Für Hoppmann vollzieht sich die Festlegung der wettbewerbspolitischen Norm durch einen Begriff des funktionsfähigen Wettbewerbs in zwei Schritten: „Auswahl des adäquaten Typs und Ausfüllung des gewählten Typs mit spezifischen Normen[46]."

---

[43] *Hoppmann*, Erich: Workable Competition, S. 147.
[44] Ebd.: S. 147.
[45] Vgl. *Riese*, Hajo: Wohlfahrt und Wirtschaftspolitik, Reinbek 1975, S. 86. Riese führt hierzu aus: „Die neoklassische Wettbewerbstheorie kann instrumentalistisch-institutionalistisch orientiert sein, weil für sie ein funktionsfähiger Wettbewerb das Wohlfahrtsoptimum garantiert. Marktprozeßnormen reichen aus, weil das Wohlfahrtsoptimum über vollkommenen Wettbewerb, der durch Berücksichtigung institutioneller Elemente zum funktionsfähigen wird, zu erreichen ist."
[46] *Hoppmann*, Erich: Workable Competition, S. 148.

2.2.2.2. Zur Entwicklung des Workability-Konzepts

Grundlage des Konzepts des funktionsfähigen Wettbewerbs ist die Einsicht, daß die Unvollkommenheiten eines Marktes Realität und somit unvermeidbar sind. Strebe man den Idealzustand des vollkommenen Wettbewerbs an, so seien politische Maßnahmen zur Annäherung an dieses Leitbild erforderlich, wobei die eventuell vorhandenen Unvollkommenheitsfaktoren (oder auch Monopolelemente) nach Möglichkeit ausgeschaltet oder wenigstens vermindert werden sollten.

Wichtig für die Entwicklung des Konzepts waren Schumpeters Überlegungen zum wirtschaftlichen Fortschritt[47], bei denen dieser den sogenannten „Pionierunternehmern" durch Innovationen und Entwicklungen neuer Techniken monopolähnliche Marktstellungen zusprach, die zum wirtschaftlichen Fortschritt Bedingung seien. Dieser Innovationsvorsprung führt zu Unvollkommenheiten des Marktes, aus denen weitere Unvollkommenheiten resultieren. Folglich sei zu wirtschaftlichem Fortschritt die Unvollkommenheit des Wettbewerbs unabdingbare Voraussetzung[48].

Hingewiesen sei darauf, daß workable competition nicht immer mit unvollkommenem Wettbewerb identisch ist. Einige Unvollkommenheitsfaktoren sind als erwünscht, andere als unerwünscht anzusehen (siehe auch Fußnote 48). Hoppmann bezeichnet nur die erwünschten Unvollkommenheitsfaktoren als workable-competition-Voraussetzungen. Das Trennen dieser Unvollkommenheitsfaktoren in erwünschte und nicht-erwünschte stellt das Problem der Theorie der funktionsfähigen Konkurrenz dar[49].

Somit wurde der vollkommene Wettbewerb, vor allem auf oligopolistisch strukturierten Märkten, in seiner „... Funktion als wettbewerbspolitisches Leitbild entkleidet, weil erst die Abweichungen vom Modell, die Unvollkommenheiten, das bewirken, was die Bezeichnung Wettbewerb verdient"[50].

---

[47] Vgl. *Schumpeter*, Josef A.: Theorie der wirtschaftlichen Entwicklung, Berlin 1952, S. 100 f.
[48] Vgl. *Clark*, John Maurice: S. IX, „... I have become increasingly impressed that the kind of competition we have, with all its defects — and these are serious — is better than the „pure and perfect" norm, because it makes for progress. Some departures from the „pure and perfect" competition are not inseperable from progress, but necessary to it."
[49] Vgl. *Hoppmann*, Erich: Workable Competition, S. 154.
[50] *Woll*, Arthur: Das Konzept der „Workable Competition", in: WISU, 1. Jg., Heft 1, 1972, S. 17.

2.3. Zur Problematik der Zielbestimmung in wirtschaftspolitischen Konzeptionen

Bevor der Mittelcharakter der öffentlichen Unternehmen bezüglich seiner wettbewerbspolitischen Funktion(en) aufgezeigt wird, erscheint es notwendig, die Frage aufzuwerfen, welche Ziele in einer bzw. durch eine wirtschaftspolitische(n) Konzeption verfolgt werden, wobei an dieser Stelle noch nicht auf reale oder zu realisierende Wettbewerbs- und/oder wirtschaftspolitische Leitbilder eingegangen werden soll.

Es gilt zu erkennen, daß subjektiv-weltanschauliche Wertungen in die Zielbestimmung einfließen. Auf der anderen Seite sind jedoch aus den Seinszuständen und ihrer Sachgesetzlichkeit sowie aus der Natur der Dinge Grenzen gezogen, die die Art der Zielbestimmbarkeit einschränken[51]. Die Zielfixierung, wie auch die Fixierung der Mittel zur Erreichung der Ziele, kann für diejenigen, die ihre Einflüsse aufgrund ihrer Weltbilder geltend machen können, einen breiten Spielraum bieten.

Ist man bestrebt zu einer wirtschaftspolitischen Ziebestimmung zu gelangen, so sind besonders die ökonomischen Grundwerte (-zwecke) jeglicher konkreten Zielbestimmung vorzuschalten, „weil sich nur von diesen Grundlagen aus der ‚Idealwirklichkeit' der Ziele ... eine wissenschaftliche Bestimmung der wirtschaftspolitischen Ziele, wie sie sich in der Zeit als ‚Real-Wirklichkeit' ausnehmen, erst ermöglichen läßt"[52].

2.3.1. Ökonomischer Aspekt als genereller Ordnungsmaßstab

Bei der wirtschaftspolitischen Zielbestimmung als einem hauptsächlich ökonomischen Problem, ist das ökonomische Prinzip als ein in allen wirtschaftspolitischen Zielen vorzufindender, allgemeiner Ordnungsaspekt zu betrachten, zumal das ökonomische Handeln im einzel- wie auch im gesamtökonomischen Sinne den menschlichen Lebensbereich, und damit auch die Wert- bzw. Zielreaktion des Menschen, beeinflußt.

Ein Problem ist es nun, zu einer rationalen wirtschaftspolitischen Zielbestimmung zu gelangen, da, wie bereits oben erwähnt, die Ziele von subjektiv-weltanschaulichen Einflüssen nicht verschont bleiben.

Nach Willeke besteht nun die Aufgabe aufzuzeigen, welcher unabdingbarer ökonomischer Seinsgehalt „... diesen subjektiv-weltanschau-

---

[51] Vgl. *Willeke*, Eduard: Zur Problematik der Zielbestimmung in wirtschaftspolitischen Konzeptionen, in: Zur Grundlegung wirtschaftspolitischer Konzeptionen, Schriften des Vereins für Socialpolitik, Bd. 18, N. F., Hrsg.: H.-J. Seraphim, Berlin 1960, S. 116 f.
[52] Ebd.: S. 118.

lich eingekleideten ökonomischen Wertsetzungen vorrangig innewohnt"[53]. Hierzu ist eine Verknüpfung mit den anderen menschlich-gesellschaftlichen Lebensbereichen (z. B. staatspolitischer, geistig-kultureller, sozialer Bereich) erforderlich, soweit diese den Eigenwert des ökonomischen in irgendeiner Weise tangieren, um somit die Bestimmbarkeit der wirtschaftspolitischen Ziele aus der subjektiv-weltanschaulichen Wertsetzung erkennen und gewinnen können. Diese Vorwegbestimmung des ökonomischen Grundziels ist zur Bestimmung der ökonomischen Daseinsweise unabdingbar, wobei aber hier nicht eine Wertskala aller Grundziele bzw. eine Über- oder Unterordnung anzustreben ist und auch nicht angestrebt werden kann, denn nach Weippert kann jeder Endwert zum Höchstwert in einer Rangfolge werden; die Skala der Ziele kann weit auseinander gezogen sein, was dann z. B. dazu führen kann, daß erhebliche Rangunterschiede zwischen den Grundzielen auftreten[54]. Alles weitere über das Verhältnis der Grundziele zueinander würde zur Bestimmung der ökonomischen Grundziele nicht oder nur wenig beitragen. Daher ist hier an dieser Stelle auf weitere Ausführungen zu verzichten, zumal sie einer intensiven Bearbeitung bedürften, wollte man über sie eine eigenständige theoretische Abhandlung anfertigen.

2.3.2. Grundziele als Grundsätze der Strukturrichtigkeit

Wie bereits erörtert, bilden gewisse Grundziele die Grundlage des menschlichen Zusammenlebens, wobei jedoch im Rahmen der Thematik besonders ökonomische Grundziele einer Betrachtung standhalten sollen.

Aber auch die nichtökonomischen Ziele können den Einsatz knapper Mittel bedingen. Sie sind in den Bereich der wirtschaftspolitischen Ziele einzugruppieren, „als es zu ihrer Verwirklichung wesenhaft politischer Maßnahmen bedarf"[55]. Setzt man voraus, daß die o. a. Lebensbereiche in jeder Gesellschaft vorgegeben sind, wohl wissend, daß eine solche Einteilung schon eine Wertung impliziert und als willkürlich angesehen werden kann[56], dann muß jede wirtschaftspolitische Maßnahme so

---

[53] *Willeke*, Eduard: S. 130, Willeke setzt die Wertsetzung der Zielsetzung gleich.

[54] Vgl. *Weippert*, Georg: Zur Problemattik der Zielbestimmung in wirtschaftspolitischen Konzeptionen, Korreferat zu den Ausführungen von Eduard Willeke, in: Zur Grundlegung wirtschaftspolitischer Konzeptionen, Schriften des Vereins für Socialpolitik, Bd. 18, N. F., Hrsg.: H.-J. Seraphim, Berlin 1960, S. 198 f.

[55] *Willeke*, Eduard: S. 135.

[56] Pütz sieht z. B. an erster Stelle als das Hauptziel „... das gegenseitige Verhältnis der einzelnen Wirtschaftssubjekte und der Gruppen von Wirtschaftssubjekten (vor allem Verbände und Gewerkschaften) sowie deren Ver-

strukturiert sein, daß eben diese Maßnahme keinem der Grundziele zuwiderläuft. Bezogen auf die ökonomische Zielsetzung bedeutet dies, daß die Verträglichkeit mit allen anderen, mitberücksichtigten Grundzielen gegeben sein muß, um den wirtschaftspolitischen Zielen ihre, wie Willeke es ausdrückt, „Strukturrichtigkeit" zu bescheinigen[57].

Die wesenhafte Zuordnung der außerökonomischen Zielsetzung zu den ökonomischen Zielsetzungen rührt also daher, daß bei Herstellung von Sach- und Dienstleistungen Ergänzungsleistungen bei gleichzeitiger, optimaler (bzw. rationaler) Verwendung von knappen Gütern anfallen und somit ökonomische Relevanz begründen. Das hier vorgegebene Grundwertesystem wäre somit auf ökonomische Ziele zurückgeführt.

Inwieweit nun für die praktische Wirtschaftspolitik aus der rein wissenschaftlichen Behandlung von Grundzielen Erkenntnisse zu schöpfen sind, ist bei der Aufgabe der Erstellung einer wirtschaftspolitischen Konzeption höchst problematisch. Ein inhaltliches Auffüllen der Ziele ist durch ontologische Werturteile, die allgemeiner und unbestimmter Natur sind, kaum erreichbar. Sie können, so Pütz, nur „gedankliche Orientierungspunkte"[58] sein.

2.4. Ziele der Wettbewerbspolitik

Will man den Wettbewerb im Rahmen der praktischen Wettbewerbspolitik normieren, ist es notwendig, den Wettbewerb eben als Norm der oben erwähnten praktischen Wettbewerbspolitik, die Wettbewerbsförderungs- und Antimonopolpolitik umfaßt, begrifflich zu präzisieren. Ausgangspunkt sollen die mit der staatlichen Wettbewerbspolitik verfolgten Ziele sein, da nur von Zielen her der zu normativierende Wettbewerb seinen Inhalt empfangen kann[59].

In der Literatur findet sich ein sehr umfangreicher Katalog, der sich auf einige Oberziele zurückführen läßt. Schmidt unterscheidet die folgenden Zielfunktionen[60]:

---

hältnis zum Staat als dem Träger der Wirtschaftspolitik" an. Dadurch wird der politische mit dem sozialen Bereich zusammengefaßt. *Pütz*, Theodor: Die wirtschaftspolitische Konzeption, in: Wirtschaftsfragen der freien Welt, Festschrift zum 65. Geburtstag von Ludwig Erhardt, Frankfurt a. M. 1957, S. 45.

[57] Vgl. *Willeke*, Erduard: S. 137.
[58] *Pütz*, Theodor: Die wirtschaftspolitische Konzeption, in: Zur Grundlegung wirtschaftspolitischer Konzeptionen, Schriften des Vereins für Socialpolitik, Bd. 18, N. F., Hrsg.: H.-J. Seraphim, Berlin 1960, S. 21.
[59] Vgl. *Hoppmann*, Erich: Das Konzept, S. 288.
[60] Vgl. *Schmidt*, Ingo: US-amerikanische und deutsche Wettbewerbspolitik gegenüber Marktmacht, Berlin 1969, S. 39.

1. Leistungsgerechte Einkommensverteilung:

   Auf den Märkten der Produktionsfaktoren steuere der Wettbewerb die Einkommensverteilung und verhindere damit eine Ausbeutung aufgrund von Marktmacht.

2. Konsumentensouveränität:

   Durch den Wettbewerbsprozeß wird die Zusammensetzung des laufenden Angebots an Waren und Dienstleistungen nach den Käuferpräferenzen gesteuert.

3. Optimale Faktorallokation:

   Durch den Wettbewerb sollen die Produktionsfaktoren an ihre produktivsten Einsatzmöglichkeiten gelenkt werden.

4. Anpassungsflexibilität:

   Der Wettbewerb ermögliche die laufende flexible Anpassung der Produktionskapazitäten an außerwirtschaftliche Daten.

5. Technischer Fortschritt:

   Der Wettbewerb beschleunige die Durchsetzung des technischen Fortschritts bei Produktion und Produktionsmethoden[61].

6. Gewährleistung der wirtschaftlichen Handlungs- und Entschlußfreiheit:

   Kontrolle wirtschaftlicher Macht durch den Wettbewerb.

Hoppmann faßt die zahlreichen Einzelziele, die in jeder wettbewerbspolitischen Diskussion der letzten Jahrzehnte eine Rolle spielen, in zwei große Zielkomplexe zusammen. Er unterscheidet die beiden Zielkomplexe „Freiheit des Wettbewerbs" als gesellschaftspolitische Funktion und „gute ökonomische Marktergebnisse" als ökonomische Funktion[62].

Die Frage, ob die Wettbewerbsfreiheit in den Zielkatalog einfließen soll, hat in der Kontroverse zwischen Kantzenbach und Hoppmann eine wesentliche Rolle gespielt. Nach Hoppmann geht es in diesem Zielkomplex „... um den Wettbewerb als ein Ziel in sich selbst, weil sich in ihm bestimmte Formen der wirtschaftlichen Freiheit manifestieren. Frei-

---

[61] Schmidt lehnt sich hier stark an Kantzenbach an, der sich wiederum auf Clark beruft, wobei die Funktionen 1—3 statischer, die Funktionen 4 und 5 dynamischer Natur seien. Die sechste Funktion fehlt bei Kantzenbach völlig, wie aus den Ausführungen noch zu ersehen sein wird. Vgl. *Kantzenbach*, Erhard: Die Funktionsfähigkeit des Wettbewerbs, Göttingen 1966, S. 16—19.

[62] Vgl. *Hoppmann*, Erich: Das Konzept, S. 289, derselbe: Wettbewerb als Norm der Wettbewerbspolitik, in: ORDO, Bd. 18, 1966, S. 79. Hier spricht Hoppmann von „wirtschaftlicher Freiheit" und „ökonomischer Vorteilshaftigkeit".

2.4. Ziele der Wettbewerbspolitik

heit des Wettbewerbs besagt: Freiheit zur Initiative, Freiheit zum Vorstoß in technisches, organisatorisches und ökonomisches Neuland, zur Schaffung neuer Güter, neuer Verfahren, neuer Märkte, Freiheit zu ökonomischem Fortschritt"[63].

Zwar bejaht auch Kantzenbach grundsätzlich, daß Wettbewerbspolitik einen Beitrag zum persönlichen Freiheitsbereich leisten kann, hält aber „... die häufig daraus gezogene Folgerung, nämlich Wettbewerbspolitik auch in Einzelfragen am Freiheitsziel zu orientieren für falsch", und zwar aus folgenden Gründen:

„1. Es besteht m. E. kein überzeugender Grund dem gesellschaftspolitischen Ziel ‚Freiheit' eine grundsätzliche Sonderstellung gegenüber anderen ‚letzten Zielen' der Wirtschafts- und Gesellschaftspolitik einzuräumen.

2. Die Einflüsse alternativer Formen des Wettbewerbsprozesses auf die Entfaltungsmöglichkeiten persönlicher Freiheit sind m. E. nicht so klar durchschaubar, daß sie als verläßliche Basis wirtschaftspolitischer Entscheidungen dienen können[64]."

An anderer Stelle äußert Kantzenbach, daß eine wirtschaftspolitische Grundentscheidung „... für ein Primat des Wettbewerbs über die gesamtwirtschaftliche Planung aufgrund allgemein gesellschaftspolitischer Präferenzen vorgegeben ist"[65]. Freiheit ist also eine notwendige Voraussetzung, entscheidet man sich für ein Primat des Wettbewerbs. Unter dieser Bedingung hält Kantzenbach eine ausschließlich ökonomische Orientierung der Wettbewerbspolitik für sinnvoll. Wettbewerbsfreiheit ist ein außerökonomisches Ziel. Da die Freiheit durch die Grundentscheidung für ein Primat des Wettbewerbs schon vorgegeben ist, ist der Begriff nicht noch einmal in den Zielkatalog aufzunehmen.

Nach Auffassung von Schmidt[66] ist zwar Kantzenbach zuzustimmen, wenn er auf die wirtschaftspolitische Grundentscheidung zugunsten des Wettbewerbs als ein gesamtwirtschaftlicher Kontrollmechanismus hinweist. Die Setzung der politischen Rahmenbedingungen sagt aber noch nicht, inwieweit und in welchem Ausmaß damit die Freiheit des Wettbewerbs, d. h. die Handlungsfähigkeit der Wirtschaftssubjekte, gewährleistet und wirtschaftliche Macht kontrolliert wird. Daher scheint eine Aufnahme der Wettbewerbsfreiheit in den Zielkatalog sinnvoll.

---
[63] *Hoppmann*, Erich: Das Konzept, S. 289.
[64] *Kantzenbach*, Erhard: Das Konzept der optimalen Wettbewerbsintensität. Eine Erwiderung auf den gleichnamigen Besprechungsaufsatz von Erich Hoppmann, in: Jahrbücher für Nationalökonomie und Statistik, Bd. 181, Stuttgart 1967, S. 201.
[65] Ebd.: S. 201.
[66] Vgl. *Schmidt*, Ingo: US-amerikanische und deutsche Wettbewerbspolitik gegenüber Marktmacht, Berlin 1969, S. 38 f.

Zu berücksichtigen ist aber, daß der Freiheitsbereich des einen im Freiheitsbereich des anderen seine Grenze findet. „Diese relative Freiheit zum Wettbewerb ist gemeint, wenn von ‚Wettbewerbsfreiheit' gesprochen wird[67]."

Dieses Problem wurde auch vom Sachverständigenrat zur Begutachtung der gesamtwirtschaftlichen Entwicklung in seinem Jahresgutachten 1971 angesprochen[68]. Dort heißt es bezüglich des Zielcharakters des Wettbewerbs: „Wettbewerb ist vor allem eng mit dem Ziel der individuellen Freiheit verknüpft. Sinnvoll erscheint es, ihn als Wahlfreiheit zu interpretieren... Diese Wahlfreiheit muß nicht, kann aber auf Kosten der Erreichung anderer Ziele gehen[69]." Schmidtchen ist hierzu der Ansicht, daß bei der Verfolgung der „anderen Ziele" hinsichtlich der Wahlfreiheit es eine Toleranzgrenze zu beachten gilt, um nicht die Wettbewerbsordnung in Frage stellen zu können[70].

Neben dem gesellschaftspolitischen Ziel der Wettbewerbspolitik, also dem Marktprozeß, „der aus Wettbewerbsfreiheit herauswächst und in dem diese Freiheit zugleich erhalten bleibt"[71], sind die ökonomischen Marktergebnisse als Oberziel zu erörtern. Die Realisierung des ökonomischen Ziels ist nicht lediglich nur Selbstzweck, denn erst durch die Realisierung der ökonomischen Ziele (der ökonomischen Vorteilhaftigkeit) kann die wirtschaftliche Freiheit des einzelnen gesichert werden[72]. Beide Zielkomplexe bedingen also einander.

Hoppmann betont, daß derjenige Wettbewerb als Norm der Wettbewerbspolitik anzusehen ist, der die Leistung steigern, „... die Kosten senken, die Produktion in Richtung auf die Wünsche der Nachfrager lenken, unverdiente Gewinne verhindern, technische Fortschritte bewirken und anderes mehr..."[73] soll. Gleichzeitig wird hier neben dem Zielcharakter des Wettbewerbs zur Erzielung der guten ökonomischen Marktergebnisses noch der Instrumentalcharakter des Wettbewerbs er-

---

[67] *Hoppmann*, Erich: Wettbewerb als Norm, S. 80.

[68] Vgl. Jahresgutachten 1971 des Sachverständigenrates zur Begutachtung der gesamtwirtschaftlichen Entwicklung, Bundesratsdrucksache 662/71 ab Ziffer 377.

[69] Ebd.: Ziffer 378.

[70] Vgl. *Schmidtchen*, Dieter: Für eine konsequente Wettbewerbspolitik und über die Wege dorthin: Bemerkungen zum Wettbewerbsverständnis des Sachverständigenrates, in: Zeitschrift für die gesamte Staatswissenschaft, Bd. 129, Heft 1, S. 103.

[71] *Hoppmann*, Erich: Wettbewerb als Norm, S. 80, Hoppmann bezieht sich auf F. A. v. *Hayek*: Grundsätze einer liberalen Gesellschaftsordnung, in: ORDO, Bd. 18, 1966, S. 13.

[72] Vgl. *Günther*, Eberhard: Wettbewerbspolitik in einer freien Gesellschaft, in: Wirtschaft und Wettbewerb, 1964, Heft 2, S. 111 ff.

[73] *Hoppmann*, Erich: Das Konzept, S. 289.

sichtlich, denn der Wettbewerb ist als nützliches Instrument anzusehen, um die erwünschten ökonomischen Marktergebnisse zu erreichen[74, 75]. Die Zielsetzung des Wettbewerbs kann folglich als komplex bezeichnet werden.

Es muß gesehen werden, daß der Wettbewerb und die ökonomischen Ergebnisse selbst wiederum sich in einer Zweck-Mittel-Kette befinden; sie dienen zur Erreichung allgemeiner, höherer Zwecke. Zu fragen ist hier jedoch, ob der Wettbewerb alleine ausreicht, um gesamtwirtschaftliche Ziele zu erreichen. Dies könnte ebenso bezweifelt werden wie die Realisierung des Ziels der wirtschaftlichen Freiheit durch Wettbewerb.

Bei einer teleologischen, also bei einer auf die Endziele ausgerichteten, Interpretation des Wettbewerbs würden die Wettbewerber überpersönlichen Zwecken dienen. Man könnte daher geneigt sein „... in der Meinung, daß der Wettbewerb Funktionen für eine derartige als überpersönliches Wesen verstandenen Volkswirtschaft wahrnimmt, eine politische Rechtfertigung des Wettbewerbs zu sehen. Bei einer solchen Deutung wird der Wettbewerb als Funktionsmechanismus verstanden, er dient ökonomischen Zwecken einer überpersönlichen Wesenheit"[76]. Der Wettbewerb ist aber weder als Instrument in den Händen der Politiker noch als eine politische Institution anzusehen, denn in Wirklichkeit bestehen zwischen Wettbewerbern irgendwie geartete, nicht nur auf die ökonomische Vorteilhaftigkeit in Form guter Marktergebnisse ausgerichtete, Beziehungen. Aus diesem Grund läßt sich der Wettbewerb nicht als abstrakter Gegenstand, weder als apparatives Zweckgefüge noch als staatliche (öffentliche) Einrichtung bezeichnen[77], denn dann wäre es ein Leichtes, den institutionell objektivierten Wettbewerb mit neuen Zielen, Inhalten und Normen aufzufüllen, um ihn somit von der konkreten menschlichen Wirklichkeit losgelöst einsetzen zu können.

2.5. Kompatibilität der wettbewerbspolitischen Hauptziele

Die Freiheit des Wettbewerbs und gute ökonomische Marktergebnisse im Individualbereich bedingen sich einander; sie sind in der theoretischen Wettbewerbspolitik vorgegeben. Eine prädominante Stellung eines der o. a. Aspekte, oftmals aus isolierter Betrachtungsweise durch Juristen und Ökonomen hervortretend, ist nicht angezeigt. Im Sinne Hoppmanns kann zwischen den Zielkomplexen gar kein Konflikt be-

---

[74, 75] Wettbewerb ist nützliches Instrument und gleichzeitig Hilfsziel. Hauptziele sind die erwünschten ökonomischen Wirkungen.

[76] *Hoppmann*, Erich: Wettbewerb als Norm, S. 81.

[77] Vgl. ebd.: S. 82.

stehen bzw. entstehen, denn „... Wettbewerbsfreiheit hat als Reflex individuelle ökonomische Wettbewerbsvorteile zur Folge"[78]. Die Frage nach der Zielkompatibilität ist erneut zu stellen, wenn Wettbewerb als Instrument für überpersönliche ökonomische Zwecke angesehen wird, zumal nicht notwendigerweise, wie im neoklassischen Ansatz[79], zwischen den Zielkomplexen Harmonie bestehen muß, vor allem dann nicht, wenn der Wettbewerb als Instrument zur Erreichung von überpersönlichen Zwecken angesehen wird.

Die Freiheit zum Wettbewerb beinhaltet die Ablehnung des Menschen als Funktionsträger, da Menschen, die wettbewerblich tätig sind, ihren selbst gewählten Zielen nahekommen wollen und nicht die Verwirklichung überpersönlicher Ziele anstreben. Legt man den Wettbewerb jedoch so aus, so können dann Konflikte auftreten, wenn die individuellen, aus der Wettbewerbsfreiheit als Resultate hervorgetretenen „... Ergebnisse sich von den irgendwie gearteten überpersönlichen Zielen unterscheiden"[80]. Ist ein Dilemma zwischen diesen Zielsetzungen eingetreten, so hat sich der Wettbewerber zu entscheiden, welchen Zielen er nachzukommen gedenkt. Hoppmann sieht in der Entscheidung zugunsten einer noch zu definierenden überpersönlichen ökonomischen Nützlichkeit ein Ablehnen des Wettbewerbs als volkswirtschaftlichen Koordinierungsprozeß[81].

Nicht nur zwischen den individuellen und den überpersönlichen Zielen kann ein Dilemma auftreten. Es gibt ferner die These, daß sich zwischen den beiden Zielen Wettbewerbsfreiheit und guten ökonomischen Marktergebnissen Konfliktzustände einstellen können. Hier ist eine politische Entscheidung notwendig, um eine Vorrangstellung eines Ziels zu gewährleisten. Sind z. B. ganz bestimmte Marktergebnisse erwünscht, die eine Einschränkung der Wettbewerbsfreiheit rechtfertigen, so müssen die Marktergebnisse normiert werden. Im Gegensatz zum neoklassischen Ansatz, der die Kriterien aufführt, mit Hilfe derer die Wettbewerbsfreiheit beschränkt werden kann und sich vor allem an Merkmalen des Marktverhaltens orientiert, ist die wettbewerbspolitische Konsequenz der Dilemma-These darin begründet, daß der so zu normierende Wettbewerb mit Marktergebnissen zu bestimmen ist[82].

---

[78] *Hoppmann*, Erich: Wettbewerb als Norm, S. 82, in bezug auf Gunnar *Myrdal:* Das Zweck-Mittel-Denken in der Nationalökonomie, in: Zeitschrift für Nationalökonomie, Bd. IV, 1933, S. 305—329.
[79] Vgl. *Hoppmann*, Erich: Das Konzept, S. 290.
[80] *Hoppmann*, Erich: Wettbewerb als Norm, S. 83.
[81] Vgl. ebd.: S. 83.
[82] Vgl. *Hoppmann*, Erich: Das Konzept, S. 291 f.

3. Mittel der Wettbewerbspolitik

Wettbewerbspolitik betreiben heißt, bei Abweichungen vom Leitbild der Wettbewerbspolitik durch gewisse, näher noch zu beleuchtende Eingriffe, die Realität in Richtung auf das Leitbild zu korrigieren. Hierzu stehen den Entscheidungsträgern verschiedene, übergeordnete wirtschaftspolitische Alternativen zur Auswahl, deren Wirkungsweisen in ihrem Zusammenhang gesehen werden müssen, da ein isolierter Einsatz nur eines einzigen Mittels in einer komplexen Volkswirtschaft nicht realitätsbezogen erscheint.

Diese Vorgehensweise im Rahmen einer Einfaktoren-Analyse, also das Vorliegen der ceteris-paribus-Bedingung, ist hinsichtlich der Untersuchung der Wirkungsweise eines Mittels nicht dazu angetan, realitätsnahe Ergebnisse zu zeitigen; sie ist mitunter wichtig, wenn sich eine Mehrfaktoren-Analyse anschließt, die eine Untersuchung aller Instrumente und Mittel, die dem Staat zur Verfügung stehen, zum Inhalt hat.

Die Frage, welche Instrumente Einsatz finden, soll in diesem Abschnitt nicht in extenso verfolgt werden, da eine Fülle von Gesetzen, Verordnungen etc. zur Steuerung bzw. Regelung und zum Einsatz dieser Instrumente vorhanden ist. Gemäß der Thematik dieser Arbeit sollen nur kurz die anderen Instrumente (alternativ zu den öffentlichen Unternehmen als Instrument) vorgestellt werden, die mit einer marktwirtschaftlichen Wirtschaftsverfassung kompatibel sind, bis es letztlich den Mittelcharakter öffentlicher Unternehmen zu diskutieren gilt.

3.1. Kontrollmöglichkeiten

3.1.1. Prinzip der Nichtigkeit von Verträgen

Aus § 1 I GWB ergibt sich die Unwirksamkeit (Nichtigkeit) von Verträgen, die Unternehmen oder Vereinigungen von Unternehmen zum Zwecke der Beschränkung des Wettbewerbs abschließen. Hiernach wird also wettbewerbsbeschränkenden Verträgen der Rechtsschutz entzogen[1], soweit das GWB nicht anderes bestimmt. Generell ist der § 1 GWB auch auf Unternehmen anzuwenden, die ganz oder teilweise im Eigentum der öffentlichen Hand stehen oder die von ihr verwaltet oder betrieben

---

[1] Vgl. *Schuster*, Helmut: S. 132.

werden. Aber besonders der öffentliche Sektor wird mit zahlreichen Ausnahmen bedacht, so z. B. die Bundespost und -bahn (§ 99 GWB), die Bundesbank und die Kreditanstalt für Wiederaufbau (§ 101 GWB) sowie Versorgungsunternehmen (Elektizitäts-, Gas- und Wasserwirtschaft) (§ 103 GWB). Somit besteht für die o. a. Unternehmen die Möglichkeit des Abschlusses von wettbewerbsbeschränkenden Verträgen. Das lediglich auf die Privatwirtschaft abzielende Nichtigkeitsprinzip kann durch die großzügigen Ausnahmeregelungen des GWB keine Anwendung auf öffentliche Anbieter finden.

Sind nun schon weite Sektoren der öffentlichen Wirtschaft aus dem Bereich der Nichtigkeit von Verträgen ausgeklammert, so ergeben sich für die nicht unter den Anwendungsbereich des GWB fallenden Unternehmen Möglichkeiten zu einer Beeinflussung des Marktgeschehens; sie sind z. B. in ihrer Preisgestaltung nicht dem Druck anderer Wettbewerber ausgesetzt, da es sich oftmals um Märkte mit monopolistischen Strukturen handelt. Sieht man einmal von einer eventuell vorhandenen Substitutionskonkurrenz ab, so handelt es sich weniger um wirtschaftliche als um politische Entscheidungen, die hier getroffen werden.

Wettbewerbspolitische Funktionen können die o. a. Unternehmenstypen in der Regel nicht in der eigenen Branche wahrnehmen (falls nicht privatwirtschaftliche Anbieter vorhanden sind), sie sind aber zur Beeinflussung der Strukturen in anderen Branchen geeignet. Gedacht sei z. B. an die Tarifgestaltung im Elektrizitätssektor. Wettbewerbsbelebend könnte z. B. wirken, daß nicht die Großabnehmer günstige Tarife erhalten, sondern wettbewerbspolitisch schwächere Nachfrager zu preislich günstigerer Stromabnahme kommen könnten, damit diese ihre Marktstellung durch niedrigere Preise gegenüber den größeren Anbietern, die sich der gleichen Energie bedienen, verbessern oder zumindest festigen könnten.

3.1.2. Mißbrauchsaufsicht

Durch die sogenannte Mißbrauchsaufsicht soll die mißbräuchliche Ausnutzung der Abwesenheit von wesentlichem Wettbewerb im Sinne einer Angebots- bzw. Nachfragebeherrschung unterbunden werden.

Schwierigkeiten hinsichtlich der Anwendung einer solchen Mißbrauchsaufsicht entstehen daraus, „daß die Kategorien der Marktstruktur, des Marktverhaltens und der Marktergebnisse untereinander im Verhältnis der Interdependenz stehen"[2]. Es besteht bei festgestellten

---

[2] *Mestmäcker*, Ernst-Joachim: Wettbewerbspolitik in der Industriegesellschaft, in: Zeitschrift für die gesamte Staatswissenschaft, Bd. 129, Heft 1, 1973, S. 96.

Mißbräuchen, wenn auch nur theoretisch, die Möglichkeit zur Verselbständigung der einzelnen Punkte, um ein Interventionsziel zu erreichen. Denkbar wäre z. B. das Verbot bestimmter Marktstrukturen zwecks Erreichung eines bestimmten, gewollten Verhaltens. Ebenso könnte das Marktverhalten so beeinflußt werden, um gewisse Marktstrukturen zu erreichen. Auch könnte das Marktverhalten dadurch beurteilt werden, welche Marktergebnisse unter bestimmten Marktstrukturen erzielt werden. Mestmäcker, der jegliche Wettbewerbspolitik als ein Ergebnis aus der Mischung der drei Kategorien sieht, spricht der Mißbrauchsaufsicht den Charakter eines Notbehelfs zu, von dem nur dann Gebrauch zu machen ist, wenn die anderen wettbewerbspolitischen Mittel versagt haben[3].

Fordern öffentliche, marktbeherrschende Unternehmen augenscheinlich zu hohe Preise, so kann der Gedanke des Als-ob-Wettbewerbs Anwendung finden. Danach sollen die Preise ein solches Niveau erreichen, das sie auch bei wesentlichem (funktionsfähigem) Wettbewerb erreicht hätten. Ob nun öffentliche Anbieter mißbräuchlich zu hohe Preise verlangen und weiterhin, ob man als Maßstab die Preise zugrunde legen kann, die bei wesentlichem Wettbewerb und auf einem vergleichbaren Markt gefordert und gezahlt werden, ist nach Schmidt nur durch eine aus der Theorie der Workable Competition entwickelte Untersuchung der Marktstruktur und des Marktverhaltens ersichtlich zu machen[4]. Das von Mestmäcker noch einbezogene Marktergebnis zur Mißbrauchsfeststellung ist besonders bei öffentlichen Unternehmen aufgrund der differenzierten, nicht nur auf monetäre Größen bezogenen Zielstrukturen als Maßstab abzulehnen. Des weiteren ist zu bezweifeln, ob bei einer hypothetisch durchgeführten Mißbrauchsfeststellung die Frage nach der Beseitigung des Mißstandes geklärt werden kann und ob es überhaupt als politisch (wenn schon nicht ökonomisch) wünschenswert erscheint, einen hypothetisch festgestellten Mißbrauch zu beseitigen.

Die Mißbrauchsaufsicht, deren Anwendung auf privatwirtschaftlich strukturierten Märkten schon erhebliche Schwierigkeiten bereitet (z. B. Als-ob-Maßstab), ist, sieht man von den Schwierigkeiten der Mißbrauchsfeststellung einmal ab, somit kaum geeignet, (öffentliche) Anbieter zu einem bestimmten preispolitischen Verhalten zu zwingen.

---

[3] Vgl. *Mestmäcker*, Ernst-Joachim: Wettbewerbspolitik in der Industriegesellschaft, S. 97.
[4] Vgl. *Schmidt*, Ingo: Zum Nachweis des Mißbrauchs einer rechtlichen oder faktischen Wettbewerbsbeschränkung, S. 636.

3.2. Marktkonforme Eingriffsmöglichkeiten

Nach Schuster ist dann von marktkonformen Eingriffen in den Wettbewerbsablauf zu sprechen, wenn die Wettbewerbssituation für die Wirtschaftssubjekte (aufgrund einer Veränderung des relevanten Datenkranzes) mittelbar beeinflußt wird[5]. Die marktkonformen Eingriffsmöglichkeiten sind aber so ausgestaltet, daß sie noch den Parametereinsatz, unter Berücksichtigung des neuen Datenkranzes, bei den Wirtschaftssubjekten belassen.

Eingriffe sind *nicht* wünschenswert, wenn sie sich auf sogenannte „natürliche Wettbewerbsausnahmebereiche" erstrecken, denn durch die Vergrößerung der Anbieterzahl können mitunter schlechtere ökonomische Marktergebnisse resultieren, selbst wenn sich der zweite wettbewerbspolitische Zielkomplex (ökonomische Freiheit) dadurch vergrößern würde[6].

Des weiteren sind „politische Wettbewerbsausnahmebereiche", in denen wettbewerbserschwerende Regelungen durch außerstaatlichen Druck (z. B. durch Gewerkschaften) zustande gekommen sind, zu berücksichtigen. Hier ist nicht die Förderung, sondern die Hemmung des Wettbewerbs das erklärte Ziel (Schutz der inländischen Anbieter als Beispiel). Besonders Importerschwerungen sind nach Hamm hier hinzuzurechnen[7]. Der dem Wettbewerbsprozeß zugeschriebene optimale Faktorallokationsmechanismus, als ein ökonomisches Ziel des Wettbewerbs, ist in einem politischen wie auch in einem natürlichen Wettbewerbsausnahmebereich lahmgelegt.

Staatliche Interventionen können somit nicht nur eine Wettbewerbsförderungspolitik bewirken, sondern ebenso für eine Wettbewerbshemmung (da sonst schlechtere Marktergebnisse zu erwarten sind) kausal verantwortlich sein.

3.2.1. Steuerpolitische Maßnahmen

Steuern sind im Rahmen der Finanzpolitik nicht mehr zur ausschließlichen Finanzierung der Staatsausgaben gedacht, sondern haben auch Wirkungen auf die Gesamtwirtschaft wie auch auf einzelne Teilbereiche davon. Das „... vielfältige Instrumentarium der Steuerpolitik (wird) ständig für zahlreiche globale und sektorale Ziele verwendet"[8]. Bezo-

---

[5] Vgl. *Schuster*, Helmut: S. 134 f.
[6] Vgl. *Hamm*, Walter: Wettbewerb, S. 125.
[7] Vgl. *Hamm*, Walter: Wettbewerb, S. 125.
[8] *v. Eynern*, Gerd: Grundriß der politischen Wirtschaftslehre, Köln—Opladen 1968, S. 209.

gen auf die wettbewerbspolitische Einsatzmöglichkeit könnten monopolistische wie auch marktbeherrschende Unternehmen einer steuerlichen Höherbelastung unterworfen werden, wohingegen den Unternehmen, die sich auf wettbewerbsintensiven Märkten betätigen, steuerliche Vergünstigungen zukommen könnten[9]. Auf besondere steuerpolitische Interventionsmöglichkeiten soll an dieser Stelle nicht eingegangen werden.

3.2.2. Kreditpolitische Maßnahmen

Auch die Kreditpolitik kann als Mittel zur Erreichung bestimmter wettbewerbspolitischer Ziele nutzbar gemacht werden. Entweder werden direkte Kredite an öffentliche Unternehmen durch zumeist öffentliche Institutionen gewährt (so z. B. durch die Sparkassen und Landesbanken), wobei hinsichtlich der Konditionen Verfeinerungen im Gegensatz zu den privatwirtschaftlichen Kreditnehmern denkbar sind. Eine andere Möglichkeit besteht einerseits in der Erleichterung der Kreditaufnahme für kleinere und mittlere Unternehmen kraft Rechtsbefehl (-verordnung) durch den Staat. Andererseits könnte eine selektive Kreditpolitik für Großunternehmen zum tragen kommen, um die wettbewerbspolitische Stellung der Mittelstandsunternehmen zu stärken.

3.2.3. Außenwirtschaftliche Maßnahmen

Der für den (die) Anbieter relevante Datenkranz ist bezüglich außenwirtschaftlicher Maßnahmen so zu beeinflussen, daß der inländische Oligopolist und/oder Monopolist durch die Aufhebung von Einfuhrrestriktionen bei gleichzeitiger potentieller ausländischer Konkurrenz zu einer wettbewerblichen Verhaltensweise gezwungen wird. Diesem Versuch zur Einführung wettbewerblicher Verhaltensweisen steht der Schutz der inländischen Wettbewerber entgegen. Durch eine Importpolitik, die sich der Zölle, Kontingente „... und vieler feiner aber dubioser Instrumente des ‚administrativen Protektionismus' bedient"[10], besteht die Möglichkeit zum Schutze und zur Sicherung eines mit „guten Marktergebnissen" arbeitenden Marktes und seiner Wettbewerber.

Ebenso sind durch Exportsubventionen wirksame Änderungen in den wettbewerbsstrategischen Stellungen der Unternehmen denkbar. Es liegt an dem Staat, welche Branchen und welche besonderen Unternehmen in einer Branche (die nicht unbedingt öffentlichen Charakter besitzen müssen) mit Ausfuhrerleichterungen bzw. Ausfuhrhilfen rechnen können.

---

[9] Vgl. *Schuster*, Helmut: S. 135 f.
[10] *v. Eynern*, Gerd: Grundriß der politischen Wirtschaftslehre, S. 208.

3.2.4. Informationserhöhende Maßnahmen

Von der Prämisse der Markttransparenz, als eine der Voraussetzungen der vollkommenen Konkurrenz, ausgehend wurde vielfach abgeleitet, „daß alle Tätigkeiten den Wettbewerb fördern, die auf die Verbreitung von Marktinformationen gerichtet sind"[11].

Marktinformationen können sich zum einen auf die Art der Preisbildung beziehen. Besonders in den Vereinigten Staaten wurde der Austausch von Preisen der Mitwettbewerber mittels sogenannter „Open Price Associations" gefördert, um zu einem „neuen fairen Wettbewerb" im Sinne einer vollkommenen Konkurrenz zu gelangen[12]. Zum anderen sind die Marktverhältnisse in die Marktinformation einzubeziehen. Nur durch vereinheitlichte und veröffentlichte Preise kann keine rein gesetzmäßige Annäherung an das Leitbild der vollkommenen Konkurrenz erwartet werden. Berücksichtigt man z. B. die Tatsache, daß im Oligopol eine individuelle durch eine kollektivistische Gewinnmaximierung verdrängt werden kann, da auf Märkten mit nur wenigen Teilnehmern, bei rationalem Handeln unter vollständiger Information der Teilnehmer, jeder seinem eigenen Verhalten soviel Einfluß beimißt, daß sich auf diese Art ein Monopolpreis ergäbe, so führt es dazu, „daß die Markttransparenz zu einer Voraussetzung monopolistischer Gewinnmaximierung wird"[13], denn die „... Bereitschaft der Oligopolisten an der kollektiven Gewinnmaximierung teilzunehmen hängt unter anderem davon ab, daß sie ihren Marktanteil und damit ihren Anteil am kollektiven Gewinn als durch selbständige Preispolitik unveränderlich ansehen[14].

Im Umkehrschluß bedeutet dies, daß eine unvollkommene Markttransparenz unter Umständen den Wettbewerb begünstigen kann, da der Motor für erhöhten Wettbewerb in der Ungewißheit über das Verhalten der Marktteilnehmer begründet ist.

Um erhöhte Markttransparenz als wettbewerbsintensivierendes Mittel einsetzen zu können, führt Schuster das staatliche Durchführen von Analysen z. B. über die Marktchancen und Entwicklungstendenzen ein-

---

[11] *Mestmäcker*, Ernst-Joachim: Probleme des Bestmöglichen in der Wettbewerbspolitik, in: Probleme der normativen Ökonomik und der wirtschaftspolitischen Beratung, Hrsg.: Erwin v. Beckerath, Herbert Giersch i. V. m. Heinz Lampert, Schriften des Vereins für Socialpolitik, Bd. 29, N. F., Berlin 1963, S. 313.

[12] Vgl. ebd.: S. 313.

[13] *Mestmäcker*, Ernst-Joachim: Probleme des Bestmöglichen in der Wettbewerbspolitik, S. 315.

[14] Ebd.: S. 315.

zelner Produkte an[15], um auch kleinere Unternehmen gegenüber den größeren Unternehmen zu einem rationalen Marktverhalten zu befähigen.

3.3. Institutionelle Maßnahmen
(Möglichkeiten des partiellen Parameter-Entzuges)

Durch sogenannte institutionelle Maßnahmen soll die Wahlfreiheit beim Aktionsparametereinsatz eingeschränkt werden[16]. Bestimmte Parameter werden aus dem Aktionsbereich der Unternehmen durch staatliche Fixierung entzogen, um somit eine wettbewerpolitische Wirkung zu zeitigen. Ob nun durch den partiellen Parameter-Entzug ein Marktstrukturinterventionismus und eine damit verbundene Fremdbestimmung der Wirtschaftssubjekte Einzug hält, soll nicht näher untersucht werden. In wenigen Sätzen sollen nur einige Möglichkeiten, bei Verzicht auf Wirkungsanalysen und einer Untersuchung der Verträglichkeit in einem marktwirtschaftlichen System, dargestellt werden.

Einerseits ist eine Festsetzung der absoluten Höhe der Verkaufspreise denkbar. Eine ähnliche Wirkung ist andererseits dadurch zu erzielen, daß einzelne, den Preis beeinflussende Bestandteile in der Kalkulation, mitunter branchengleich, vorgeschrieben werden. Nun ergibt sich die Frage, ob nicht allgemein festgesetzte Preise zu einer Eliminierung der marktwirtschaftlichen Ordnung führen, da der Preis unter anderem auch die Funktion als Knappheitsmesser besitzt. Diese Funktion würde in einem solchen Fall nicht mehr vorhanden sein. Schuster ist der Ansicht, daß auf nicht funktionsfähigen Märkten jedoch in Einzelfällen durch Preisvorschriften eine systemstabilisierende Wirkung erzielt werden kann[17].

Mengenvorschriften können sich entweder auf eine Beschränkung der Ausbringungsmenge oder indirekt auf eine Festschreibung der Kapazitätsauslastung beziehen.

Des weiteren können hinsichtlich der Qualität der angebotenen Güter und Leistungen Standards vorgeschrieben werden, deren Unterschreiten dazu führt, daß die Güter oder Leistungen nicht dem Markte übergeben bzw. angeboten werden dürfen.

Absatzwege- und Bezugsquellenvorschriften, gewisse Anforderungen an den Kundendienst wie auch Investitionsangebote und -verbote seien als weitere partielle Parameter-Entzugsmöglichkeiten angeführt[18].

---
[15] Vgl. *Schuster*, Helmut: S. 137.
[16] Vgl. *Schmidtchen*, Dieter: S. 120.
[17] Vgl. *Schuster*, Helmut: S. 139.
[18] Vgl. *Schuster*, Helmut: S. 139 f.

3.4. Ordnungspolitische Alternativen

Eingrenzend zu den nachfolgenden Ausführungen ist anzumerken, daß hier nicht unter dem Kapitel „ordnungspolitische Alternativen" an eine Veränderung der Wirtschaftsordnung in Richtung auf ein System zentraler Verwaltungswirtschaft gedacht sein soll. Die marktwirtschaftliche Wirtschaftsordnung soll nicht überwunden, sondern verändert werden. Hierbei ergeben sich u. a. zwei Möglichkeiten:

1. Eine marktwirtschaftliche Ordnung ist so weit zu verändern, daß, bei grundsätzlicher Aufrechterhaltung des marktwirtschaftlichen Preismechanismus, einzelne Branchen verstaatlicht werden[19].

2. Es sind durch *öffentliche Träger*[20] Unternehmen zu gründen, die wettbewerbspolitische Funktionen übernehmen und so zu einer Ordnung von Märkten beitragen sollen. Diese Funktionen, die im weiteren Verlauf dieser Arbeit vorgestellt und diskutiert werden sollen, bestehen u. a. in einer Wettbewerbsergänzungsfunktion sowie in einer Wettbewerbsintensivierungsfunktion. Öffentliche Unternehmen, die derartige Funktionen übernehmen sollen, müssen instrumentalen Charakter besitzen, sie müssen ihre Tauglichkeit als Mittel unter Beweis stellen können.

Nicht gefolgt werden soll v. Eynerns Ansicht, daß ein einzelnes, sich auf einem privatwirtschaftlich-erwerbswirtschaftlichen Markt betätigendes Unternehmen durch den Konkurrenzdruck nur geringe wirtschaftspolitische Einsatzmöglichkeiten besitzt, zumal v. Eynern die Chance des Instrumentes „öffentliche Wirtschaft" nur dann sieht, „wenn ein ganzer Wirtschaftszweig sozialisiert, vergesellschaftet (GG Art. 15), verstaatlicht, nationalisiert ist"[21]. Zwar mag es wirtschafts- und sozialpolitische Zielsetzungen geben, die es zweckmäßig erscheinen lassen, „... auf bestimmten Märkten eine Beschränkung oder Ausschaltung des Wettbewerbs..."[22] vorzunehmen. In aller Regel dienen aber die den Wettbewerb regulierenden ordnungspolitischen Mittel der Förderung und der Intensivierung des Wettbewerbs[23].

---

[19] Vgl. ebd.: S. 140.

[20] Die Trägerschaft kann nur ein Hilfsmittel zur Abgrenzung öffentlicher Unternehmen sein und nicht mehr. Siehe hierzu: *Schürholt*, Heinz: Gemeinschaftsprinzip und Preisbildung bei öffentlichen Unternehmen aus gesamtwirtschaftlicher Sicht, Berlin 1979, S. 25.

[21] *v. Eynern*, Gerd: S. 120.

[22] *Pütz*, Theodor: Grundfragen der theoretischen Wirtschaftspolitik, Stuttgart 1971, S. 100.

[23] Gesehen werden muß aber auch, daß öffentliche Unternehmen nicht ausschließlich Instrument zur Herstellung einer wettbewerbspolitischen Ordnung sind. Mit ihrer Hilfe können auch andere Zielsetzungen verfolgt werden, wie z. B. konjunktur-, sozial- und verteilungspolitische Ziele. Siehe hier-

3.4. Ordnungspolitische Alternativen

Setzt man die funktionsfähige Konkurrenz als zu verfolgendes Leitbild der Wettbewerbspolitik, so ergibt sich aufgrund der Marktergebnisorientierung zwangsläufig, „daß das marktwirtschaftliche Ordnungsmodell keinesfalls bis ins Extrem verwirklicht werden sollte"[24]. Es gibt Bereiche, die es erforderlich erscheinen lassen, daß sich öffentliche Unternehmen und nicht private Anbieter dort betätigen, um notwendige politische Ziele zu erreichen. „Selbst extreme Vertreter einer liberalen Wirtschaftsordnung erkennen an, daß es Bereiche gibt, in denen die öffentliche Unternehmung nicht zu entbehren ist. Über die Abgrenzung dieser Bereiche besteht aber keine einheitliche Meinung"[25].

Die Befürchtung, daß durch öffentliche Unternehmen eine Überwindung des erwerbswirtschaftlichen Systems ermöglicht wird, scheint unbegründet[26], denn das Wettbewerbs- bzw. Marktverhalten einiger öffentlicher Unternehmen weicht selten von dem privatwirtschaftlich-erwerbswirtschaftlicher Unternehmen ab[27]. Hierzu wäre eine Zentralisation der Planungs- und Entscheidungsprozesse notwendig. In einem Land mit föderalistischem Staatsaufbau und einer echten Selbstverwaltung unterscheiden sich die öffentlichen Unternehmen hinsichtlich der Rechtsform, der Trägerschaft, des Aufgabenbereichs etc.[28]; durch ihren heterogenen Charakter ist schon eine zentralistische Planungs- und Entscheidungsgewalt nicht denkbar. Öffentliche Unternehmen fügen sich somit reibungslos in ein marktwirtschaftliches System ein.

---

zu: *Weisser*, Gerhard: Privatisierung und Genossenschaftsreform, II. Sinn und Aufgabe der öffentlichen Unternehmen, in: Archiv für öffentliche und freigemeinnützige Unternehmen, 1955—56, Bd. 2, S. 60 und 62.

[24] Ebd.: S. 90.

[25] *Hax*, Karl: Die öffentliche Unternehmung in der Marktwirtschaft, in: Finanzarchiv, N. F., Bd. 27, 1968, Heft 1/2, S. 44, vgl. sinngemäß auch *Molitor*, Bruno: Öffentliche Wirtschaft und Privatisierung, in: Hamburger Jahrbuch für Wirtschafts- und Gesellschaftspolitik, 6. Jg., 1960, S. 77.

[26] Vgl. *v. Loesch*, Achim: Die wirtschafts- und gesellschaftspolitischen Funktionen gemeinwirtschaftlicher Unternehmen, in: Gewerkschaftliche Monatshefte, 23. Jg., 1972, Heft 3, S. 151.

[27] *Röper*, Burkhardt: Die Wettbewerbsfunktion gemeinwirtschaftlicher Unternehmen in Theorie und Praxis, in: Gemeinwirtschaft im Wandel der Gesellschaft, Festschrift für Hans Ritschl zu seinem 75. Geburtstag, Hrsg.: Gisbert Rittig, Heinz Dietrich Ortlieb, Berlin 1972, S. 121.

[28] Vgl. *Hax*, Karl: S. 47.

4. Öffentliche Unternehmen als Mittel der Wettbewerbspolitik

Der Mittel- oder auch Instrumentalcharakter öffentlicher Unternehmen[1] in bezug auf die Wettbewerbspolitik ist in den letzten Jahren zu einem wichtigen Problem (Thiemeyer spricht von einem Zentralproblem) der gemeinwirtschaftlichen Theorie geworden[2]. Dabei gilt es zu erkennen, daß die öffentliche Unternehmung nicht Selbstzweck, sondern Instrument in der Hand derer ist, die politisch legitimiert wurden[3]. Eine Generalisierung der wettbewerbspolitischen Funktion für alle gemeinwirtschaftlichen Unternehmen kann aber nicht möglich sein, da sich die sogenannte „Instrumentalthese" auch auf andere Ziele, z. B. sozial-, konjunktur- und verfassungspolitischer Art, bezieht; in aller Regel sollen auch nicht alle, sondern nur besondere, ausgewählte Ziele durch das Mittel „öffentliches Unternehmen" erreicht werden[4]. Hesselbach betont u. a., daß die tragende Rolle gemeinwirtschaftlicher Institutionen im Sinne von Lenkungs- und Förderungsinstrumenten gesehen werden muß[5]. Die Frage der Zielsetzung der hier zur Debatte stehenden Unternehmen muß aber geklärt sein, denn nur so kann die Frage nach der rationalsten Mittelauswahl entschieden werden[6].

Oftmals wird in der Literatur den öffentlichen bzw. gemeinwirtschaftlichen Unternehmen[7] eine wettbewerbspolitische Funktion zugesprochen, ohne daß die speziellen Sachverhalte konkretisiert werden. So deutet Backhaus die Rolle der öffentlichen Unternehmen als äußerst wichtig bei der Ausgestaltung und Realisierung von sog. „Staatsfunk-

---

[1] Vgl. *Thiemeyer*, Theo: Die Theorie der gemeinwirtschaftlichen Betriebe in ihrer Entwicklung und ihrer heutigen Gestalt, in: ZfB, Heft 8, 1979, S. 748: Faßt man öffentliche Betriebe als von der öffentlichen Hand betriebene auf, unterstellt man meist definitorisch das Vorliegen einer besonderen öffentlichen Aufgabe im Sinne der Instrumentalfunktion.

[2] Vgl. *ders.*: Gemeinwirtschaft in Lehre und Forschung, Frankfurt a. M. und Köln 1974, S. 33.

[3] Vgl. *Hodel*, Andreas: Zielorientierte Erfolgsermittlung für öffentlich-gemeinwirtschaftliche Unternehmen, Diss., Bochum 1976, S. 30.

[4] Vgl. *Thiemeyer*, Theo: Gemeinwirtschaft in Lehre und Forschung, S. 37.

[5] Vgl. *Hesselbach*, Walter: Mittler zwischen Privaten und dem Staat, in: Öffentliche Wirtschaft und Gemeinwirtschaft, 27. Jg., 1978, S. 11.

[6] Vgl. *Hamm*, Walter: Kollektiveigentum. Die Rolle öffentlicher Unternehmen in der Marktwirtschaft, Heidelberg 1961, S. 19.

[7] Die Begriffe „öffentlich" und „gemeinwirtschaftlich" sollen hier synonym verwendet werden.

4. Öffentliche Unternehmen als wettbewerbspolitische Mittel

tionen", zu denen auch die Wettbewerbsordnung gerechnet werden muß[8]. Molitor z. B. sieht die wettbewerbspolitische Funktion dann schon realisiert, wenn durch den Nachfragemonopolisten (z. B. Post, Bundeswehr) bei der Auftragsvergabe eine Konkurrenzpreisbildung organisiert werden würde[9], ohne zu sagen, was er unter einer wettbewerbspolitischen Funktion versteht. Die Stellung als Angebotsmonopolist zur Beeinflussung der Abnehmer erscheint Molitor hingegen suspekt; die Einsatzmöglichkeiten öffentlicher Unternehmen seien in oligopolistisch strukturierten Märkten eine Hauptfunktion. „Der Staat tritt in diesen Sektoren (gemeint sind die gesamtwirtschaftlich bedeutsamen Märkte; Anm. d. Verf.) als Unternehmer in Wettbewerb mit privaten Großbetrieben, und zwar in der Unternehmensform der handelsrechtlichen Kapitalgesellschaften und unter dem Prinzip der gleichen Wettbewerbsbedingungen[10]." Gerade das Abstellen auf die Marktstruktur und/oder -organisation mit dem Denken in Marktformen, lassen Molitor zu dem Schluß gelangen, daß die primäre Aufgabe öffentlicher Unternehmen in o. a. Märkten in dem Ausüben von Preisdruck oder von dem Streben nach Preisstabilität gekennzeichnet ist[11], da es keine Gewinnmaximierung, z. B. durch die zu zahlende Dividende, zu verfolgen gilt (zum Problem des Marktanteils und der Markteintrittsschranken s. w. u.). Vor allem der Verzicht auf die Gewinnmaximierung soll zu einer ausgleichenden und korrigierenden Wettbewerbswirkung öffentlicher Unternehmen (hier der Sparkassen und Girozentralen) im Konkurrenzkampf mit Privatunternehmen führen[12].

Ähnlich ungenau sieht Hesselbach die Stabilisierung des Wettbewerbs auf oligopolistisch strukturierten Märkten an, indem er postuliert, daß die öffentlichen Unternehmen „... rasch und marktkonform den Wettbewerb in Gang halten..."[13] können. Wie und warum dies so ist, ist Hesselbachs Aussagen nirgendwo zu entnehmen. Hesselbach geht sogar noch weiter, indem er eine Wertung hinsichtlich der effektiven Beeinflußbarkeit eines oligopolistischen Marktes einbringt, und zwar sieht er in der Kartellgesetzgebung ein wichtiges Mittel zur Marktbeeinflussung, sieht aber *nur* in den gemeinwirtschaftlichen Unternehmen das geeignete Mittel, mit dem der Wettbewerb auf oligopolistischen Märk-

---

[8] Vgl. *Backhaus*, Jürgen: Eine politisch-ökonomische Theorie der öffentlichen Unternehmung, Konstanz 1980, S. 14.
[9] Vgl. *Molitor*, Bruno: Öffentliche Wirtschaft und Privatisierung, S. 79.
[10] Vgl. *Molitor*, Bruno: Öffentliche Wirtschaft und Privatisierung, S. 80; Molitor verkennt hier die besondere Bedeutung öffentlich-rechtlicher Unternehmensformen, wie z. B. die öffentlich-rechtliche Anstalt.
[11] Vgl. ebd.: S. 80.
[12] Vgl. *Geiger*, Helmut: Sparkassen: Öffentliche Aufgabe im Wettbewerb, in: Öffentliche Wirtschaft und Gemeinwirtschaft, 27. Jg., 1978, S. 136.
[13] *Hesselbach*, Walter: Die gemeinwirtschaftlichen Unternehmen, S. 176.

4. Öffentliche Unternehmen als wettbewerbspolitische Mittel

ten gefördert werden kann[14]. Andererseits sieht Hesselbach das heute vieles überragende Problem der wirtschaftlichen Konzentration, da durch den zum Teil ökonomisch unausweichlichen Konzentrationsprozeß neue Arten und Ausprägungen des Wettbewerbs Einzug in den Wirtschaftsablauf gehalten hätten. Der „Selbstlauf des Wettbewerbs auf oligopolistischen Märkten" kann nach seiner Ansicht weder die Bedürfnisbefriedigung noch die Entwicklung und Einführung neuer Technologien gewährleisten, da die wenigen führenden, mit Marktmacht ausgestatteten Unternehmen vom „Anpassungszwang an die Nachfrage" exculpiert wären[15]. Dem widerspricht vehement Röper, da die Förderung des Wettbewerbs im oben dargestellten Sinn nur seltenes und zugleich untergeordnetes Ziel öffentlicher Unternehmen sein kann[16]. Das Konzentrationsproblem, auf das an dieser Stelle nur verwiesen werden kann[17], zeigt sich häufig in der Einschränkung und Beseitigung des für das Funktionieren der Marktmechanismen erforderlichen Wettbewerbs[18].

Daß in der wirtschaftlichen Betätigung der öffentlichen Hand mehr zu sehen ist als nur ein Fremdkörper in einer Wirtschaftsverfassung, wird von Blum betont, denn durch den ständigen Einsatz des Mittels „öffentliches Unternehmen" wäre eine Erhöhung des „Gemeinwohls" sowie eine vielleicht bessere Erreichung der Ziele der Wettbewerbspolitik zu gewährleisten[19]. Dem Einsatz öffentlicher Unternehmen als marktkonforme Mittel käme einerseits eine Belebungsfunktion des Wettbewerbs zu. Andererseits könnte sich der Staat über die Kostenstrukturen eines Wirtschaftszweiges informieren[20]. Besonders dieser letzte Punkt, der auch gerne von anderen Nationalökonomen aufgegriffen wird, zeigt die Nichtintimität der Volkswirte mit der Wirkungsweise und dem Einsatz öffentlicher Unternehmen als Marktregulativ, denn Kostenstrukturen, auch innerhalb eines Wirtschaftszweiges, sind nicht in allen Punkten betriebsspezifisch vergleichbar (Standort, technische und kapitalmäßige Ausstattung etc. bedingen veränderte Kostenstrukturen).

---

[14] Vgl. *Hesselbach*, Walter: Die gemeinwirtschaftlichen Unternehmen, S. 176.
[15] Vgl. *ders.*: Mittler zwischen Privaten und dem Staat, S. 11.
[16] Vgl. *Röper*, Burkhardt: S. 122.
[17] Exemplarisch zu dieser Problematik sollen nur die Arbeiten von Helmut Arndt genannt sein.
[18] Vgl. o. V.: Gemeinwirtschaft: Ja zur Marktwirtschaft, in: Öffentliche Wirtschaft und Gemeinwirtschaft, 27. Jg., 1978, S. 95.
[19] Vgl. *Blum*, Reinhard: Der Wettbewerb im wirtschaftspolitischen Konzept, in: Zeitschrift für die gesamte Staatswissenschaft, Bd. 121, Heft 1, 1965, S. 88.
[20] Vgl. ebd.: S. 89.

4. Öffentliche Unternehmen als wettbewerbspolitische Mittel 45

Die Wichtigkeit der völligen Gleichheit zwischen den Unternehmen, also gleiche Startbedingungen, Gleichstellung in steuerpolitischer sowie subventionspolitischer Hinsicht, fordert Kühne, wenn gemeinwirtschaftliche Unternehmen als „... Maßstab („Yardstick"), Modell oder Arbeitsmuster, vielleicht auch als Basis für Kosten- und Gewinnbeurteilung in quasimonopolistischen (und daher regulierungsreifen) Branchen gelten könnten"[21].

Des weiteren wird den gemeinwirtschaftlichen Unternehmen oftmals die Wirkung zugesprochen, als eingesetztes Instrument auf einem oligopolistischen Markt nur durch bloßes Vorhandensein das Marktverhalten im Sinne der Zwecksetzung des Unternehmens zu beeinflussen. Besonders die hier auftretenden Meßprobleme (s. a. die „Hecht-im-Karpfenteich-Funktion") können Indiz für die Nichtpraktikabilität sein[22].

Besonders in der Diskussion über die Kartellgesetzgebung wurde diese „Hecht"-Rolle angeführt. Man wollte zwecks Erreichung von Wettbewerbsfreiheit nicht nur mit dirigistischen Mitteln agieren, sondern wollte die „Hecht-im-Karpfenteich-Methode" (oftmals bezogen auf Kartelle) als ein angemessenes Mittel (Lenkungseingriff) zum Schutze der Freiheit einsetzen[23]. Röper hingegen vertritt die Auffassung, daß öffentliche Unternehmen zuwenig Wettbewerb bewirken, sich kaum durch rege marktkonforme Wettbewerbsaktivitäten auszeichnen und ein Verhalten, ähnlich dem „Hecht im Karpfenteich", stark vermissen lassen[24].

In dem bloßen Vorhandensein gemeinwirtschaftlicher Unternehmen sieht Weisser z. B. eine Funktion dieser Unternehmen, da durch diese Unternehmen immaterielle Werte, wie z. B. die Freiheit, gefördert werden können[25]. Weisser nennt diese Funktion bewußt nicht eine wettbewerbspolitische Funktion, denn auch er orientiert sich hintergründig nicht am Modell der funktionsfähigen Konkurrenz, die das Ziel der Wettbewerbsfreiheit als außerökonomisches Ziel verfolgt. Aus diesen, wenn auch nur ausschnittartig, dargestellten Meinungen über die wettbewerbspolitische Funktion gemeinwirtschaftlicher Unterneh-

---

[21] *Kühne*, Karl: Sinn und Verantwortung öffentlicher Kontrolle, in: Handbuch der öffentlichen Wirtschaft, Bd. I, Hrsg.: ÖTV, Stuttgart 1960, S. 47 f.

[22] Vgl. *Thiemeyer*, Theo: Debatte über die Erfolgswürdigung bei gemeinwirtschaftlichen Unternehmen, in: Annalen der Gemeinwirtschaft, 34. Jg., 1965, Heft 4, S. 254.

[23] Vgl. *Weisser*, Gerhard: Privatisierung und Genossenschaftsreform, S. 61.

[24] Vgl. *Röper*, Burkhardt: S. 121.

[25] Vgl. *Weisser*, Gerhard: Einzelwirtschaftspolitik. Die gemeinwirtschaftlichen Unternehmen als Subjekte und Objekte der Politik, in: Ökonomische und sozialpolitische Themen zur Gemeinwirtschaft, Festschrift für Edgard Milhaud, Hrsg.: IFIG, Lüttich 1960, S. 97.

men ist die Tendenz erkennbar, sich vor allem in Marktstruktur- bzw. Marktformengedanken zu ergehen und keinerlei Marktergebniskriterien einfließen zu lassen. Weiterhin wohnt den Verfechtern dieser Ideen vorwiegend das Gespenst der vollständigen Konkurrenz noch inne, da häufig preistheoretische Argumentationen vorzufinden sind.

Möglich müßte es sein, die wettbewerbspolitische Funktion öffentlicher Unternehmen mit dem Leitbild des funktionsfähigen Wettbewerbs in Kausalbeziehung zu bringen. Dies setzt zum einen die Erörterung allgemeiner Probleme der öffentlichen Unternehmen voraus und bedingt zum anderen die Darstellung der Zielsetzungen öffentlicher Unternehmen, denn nur aus den Zielen heraus ist zu klären, ob das öffentliche Unternehmen, falls es einen solchen Idealtypus überhaupt geben sollte, eine wettbewerbspolitische Funktion besitzt und falls dies zu bejahen wäre, wie es diese Funktion auszufüllen in der Lage ist.

4.1. Arbeitsdefinition der öffentlichen Unternehmen

Um im weiteren Verlauf der Arbeit mißverständliche Auffassungen über den Begriff des öffentlichen Unternehmens zu vermeiden, soll festgelegt werden, mit welchen Inhalten der Terminus „öffentliches Unternehmen" aufzufüllen ist.

Das öffentliche Unternehmen als Erkenntnisobjekt dieser Arbeit stellt nur ein Mittel oder Instrument dar, da, wie Lösenbeck betont, „... alles Wirtschaften auf Zwecke ausgerichtet ist"[26]. Hierzu ist es erforderlich, daß das Instrument im Bezug zum gesamten Zweck-Mittel-System gesehen werden muß, da ansonsten eine normative Beurteilung nicht angestellt werden kann.

Die Trägerschaft als alleiniges Charakterisierungsmerkmal der öffentlichen Unternehmen im Sinne rechtlich-organisatorischer Merkmale führt zu keinem befriedigenden Ergebnis[27], denn die Zielsetzung muß bei dem vorgegebenen Zweck-Mittel-System ebenfalls Eingang finden, um ein Unternehmen auch als gemeinwirtschaftlich ansehen zu können[28]. Die vom Terminologie-Ausschuß erbrachte Vermutung, daß lediglich die öffentliche Trägerschaft zur Verleihung des Prädikates „gemeinwirtschaftlich" genüge[29], ist recht dürftig, da hieraus nicht zu er-

---

[26] *Lösenbeck*, Hans-Dieter: Die Preisbildung der öffentlichen Unternehmen, Diss., Göttingen 1962, S. 13.
[27] Vgl. *Spohn*, Karl: Der ökonomische Charakter der öffentlichen Unternehmung, in: Finanzarchiv, 1950, Nr. 51, S. 302.
[28] Vgl. *Lösenbeck*, Hans-Dieter: S. 19.
[29] Vgl. Terminologie-Ausschuß: Die Definition des Terminologie-Ausschusses der Gesellschaft zur Förderung der öffentlichen Wirtschaft, in: Archiv

4.1. Arbeitsdefinition

sehen ist, ob das angeführte Allgemeinwohl auch gefördert wird, zumal Meßkriterien zur Feststellung der Förderung des Allgemeinwohls nur schwerlich heranziehbar sind. Die hoheitliche Trägerschaft ist eine notwendige, aber nicht hinreichende Vorbedingung zur Erklärung der Gemeinwirtschaftlichkeit.

Dies erkennt auch Schmidt nicht genau, wenn er behauptet, daß durch Kapitalbesitz dem Staat ein Instrument zur Verfügung steht, mit dem wirtschaftspolitische Aufgaben erfüllt werden können, da Zielsetzung und -erreichung von dem hoheitlichen Träger beeinflußbar sind[30]. Ähnlich unklar sieht es Schürholt, der die Einwirkungsmöglichkeiten des Trägers auf das öffentliche Unternehmen zur Realisierung gemeinwirtschaftlicher Ziele nach wie vor als gewährleistet ansieht[31]. In welchem Maße dies zu geschehen hat, bleibt auch leider hier offen.

Neben dem durch die hoheitliche Trägerschaft gekennzeichneten und als „öffentlich" bezeichneten Unternehmen gemeinwirtschaftlicher Art werden noch unter dem Begriff der Gemeinwirtschaftlichkeit das freigemeinwirtschaftliche sowie das öffentlich gebundene Unternehmen subsumiert[32], wobei das freigemeinwirtschaftliche Unternehmen, gemäß der Absicht seiner privaten Träger, dem Gemeinwohl dienen soll. Das öffentlich gebundene Unternehmen dient dem Gemeinwohl durch aufgezwungenen Rechtsbefehl.

Für die angeführten Unternehmenstypen ist als weiteres eingrenzendes Merkmal das Auftreten eines speziellen Entgelts, wobei dieses Entgelt eine beachtliche Rolle spielen muß, aufgeführt worden[33]. Wie bei der Trägerschaft wird auch hier wieder auf rein organisatorische, oder wie v. Loesch es nennt, auf rein technische Fragen abgestellt[34]. Das Abgrenzungsmerkmal des „speziellen, beachtlichen Entgelts" ist, „... solange man nicht gewillt ist, den Inhalt des Gemeinwohls zu interpretieren, ein nicht legitimes Abgrenzungsmerkmal, da in ihm schon eine besondere Verhaltensweise anklingt"[35].

---

für öffentliche und freigemeinwirtschaftliche Unternehmen, Bd. 1, 1954, Heft 3, S. 277.
[30] Vgl. *Schmidt, Ralf-Bodo:* Die Instrumentalfunktion der Unternehmung — Methodische Perspektiven zur betriebswirtschaftlichen Forschung, in: Zeitschrift für betriebswirtschaftliche Forschung, 19. Jg., 1967, S. 236.
[31] Vgl. *Schürholt,* Heinz: S. 31.
[32] Vgl. Terminologie-Ausschuß: S. 278.
[33] Vgl. ebd.: S. 279, eine gute Übersicht über die die Formen öffentlicher Unternehmen gibt Ritschl. Vgl. *Ritschel,* Hans: „Unternehmungen, öffentliche", in: HdSW, Bd. 10, Tübingen, Göttingen 1959, S. 506 ff.
[34] Vgl. *v. Loesch,* Achim: Die wirtschafts- und gesellschaftspolitischen Funktionen gemeinwirtschaftlicher Unternehmen, S. 142.
[35] *Lösenbeck,* Hans-Dieter: S. 20.

4. Öffentliche Unternehmen als wettbewerbspolitische Mittel

Hier ist Rittig zuzustimmen, der dieser Abgrenzung lediglich pragmatische Bedeutung, aber keinen logischen Zwang zusprach[36]. Die auf das sogenannte „öffentliche Interesse" (synonym auch Gemeinwohl) abgestellte Definition der gemeinwirtschaftlichen Unternehmen von Weisser[37] muß hier enger gefaßt werden, da hier auf die effektive Fähigkeit der Gemeinwohlförderung in bestimmten Situationen und nicht allein auf die in Weissers Definition erwähnte institutionelle Verpflichtung zur Förderung des Gemeinwohls unter besonderer Berücksichtigung des Mittelbezuges eingegangen werden soll, wobei im besonderen der Zusammenhang zwischen dem Gemeinwohl und der Funktion des öffentlichen Unternehmens als wettbewerbspolitisches Mittel herausgestellt werden soll.

Die Frage der übergeordneten Gesamtheit ist von Weisser nicht in letzter Konsequenz verfolgt worden, denn neben der Deckung von Kollektivbedürfnissen werden unmittelbar individuelle Bedürfnisse befriedigt; zwischen der Leistung und dem speziellen, zu entrichtenden Entgelt können eindeutige Beziehungen bestehen[38]. Treten derartige Leistungen ständig auf und müssen sie in großer Zahl bereitgestellt werden, dann werden bestimmte Leistungsbereiche in einem Ausgliederungsprozeß aus der allgemeinen Verwaltung herausgelöst und besonderen Institutionen übertragen. Hierfür findet Hax den Begriff der öffentlichen Unternehmung.

Die Verfolgung des erwerbs- bzw. gemeinwirtschaftlichen Prinzips wird als Abgrenzungsmerkmal für gemeinwirtschaftliche bzw. öffentliche Betriebe angeführt[39]. Da die betriebswirtschaftliche Problematik in beiden Fällen die gleiche ist, soll per Konvention im weiteren Verlauf der Arbeit von „öffentlichen Unternehmen" die Rede sein.

---

[36] Vgl. *Rittig*, Gisbert: Die Definition des Terminologie-Ausschusses der Gesellschaft zur Förderung der öffentlichen Wirtschaft, Bericht und Bemerkungen, in: Archiv für öffentliche und freigemeinwirtschaftliche Unternehmen, 1954, Bd. 1, S. 223.

[37] „Gemeinwirtschaftliche Unternehmen sind Einzelwirtschaften, deren Ergebnis und gegebenenfalls auch einzelne Leistungen nach dem gemeinten Sinn des Gebildes unmittelbar dem Wohl einer übergeordneten Gesamtheit oder der Verwirklichung einer von ihr objektiv verbindlich gehaltenen Idee gewidmet sind und die eine der Absicht nach dieser Widmung entsprechende institutionelle Form haben." *Weisser*, Gerhard: Die Lehre von den gemeinwirtschaftlichen Unternehmen, in: Archiv für öffentliche und freigemeinwirtschaftliche Unternehmen, 1954, Bd. 1, S. 12.

[38] Vgl. *Witte*, Eberhard unter Mitwirkung von Jürgen *Hauschildt*: Die öffentliche Unternehmung im Interessenkonflikt, Betriebswirtschaftliche Studie zu einer Zielkonzeption der öffentlichen Unternehmung, Hrsg.: Gesellschaft für öffentliche Wirtschaft, Berlin 1966, S. 11.

[39] Vgl. *Hax*, Karl: Die öffentliche Unternehmung in der Marktwirtschaft, S. 39.

4.1. Arbeitsdefinition

Hax' Definition der öffentlichen Unternehmung ist dann auch allgemeiner als die von Weisser, jedoch auf die institutionelle Verpflichtung abgestellt: Eine öffentliche Unternehmung liegt vor, „*wenn es sich um eine öffentliche Institution handelt, die dauerhaft wirtschaftliche Leistungen für Dritte erstellt, aus der allgemeinen Verwaltung ausgegliedert und als wirtschaftliche Einheit verselbständigt ist*"[40].

Als maßgebliches Einteilungsmerkmal dienen folglich die Ziele der öffentlichen Unternehmen, die von den hoheitlichen Trägern beeinflußt werden. Diese Ziele, als ein öffentlich begründetes Interesse, die sich in der Durchführung eines öffentlichen Auftrages konkretisieren, sind es, was das öffentliche Unternehmen ausmacht; nicht entscheidend sind für die Beurteilung dessen, was öffentlich zu sein hat, die Eigentumsverhältnisse[41]. Diese Ziele sind jedoch darauf ausgerichtet, den öffentlichen Interessen, dem Gemeinwohl oder einer Verwirklichung einer von der übergeordneten Gesamtheit für objektiv verbindlich gehaltenen Idee Rechnung zu tragen.

Sieht man das öffentliche Interesse, „welches aus dem Gesamtzusammenhang von Zielen und Mitteln abgeleitet wird"[42], so steht die Möglichkeit offen, „...von der zum Teil durch historische Zufälle bestimmten empirischen Situation..."[43] zu abstrahieren, um somit einer theoretischen Analyse der öffentlichen Unternehmen als wettbewerbspolitisches Instrument genügend Raum zu lassen.

Anzuführen ist noch, daß mit der Definition des Terminus „öffentliche Unternehmen" keine Entscheidung für eine bestimmte Wirtschaftsordnung getroffen wird, wie dies oftmals in der älteren Literatur vorzufinden ist, heute jedoch keine Bedeutung mehr besitzt, und zwar die Klassifizierungen in Zentralverwaltungswirtschaft im Sinne Euckens bzw. Sozialisierung im Sinne von Mises als Organisationsform der Wirtschaftsgesellschaft. Die Organisationsform der Wirtschaftsordnung besitzt selbst nur Mittelcharakter; sie ist Mittel zur Erreichung bestehender Zielsetzungen. Der oben abgesteckte Definitionsbereich be-

---

[40] Ebd.: S. 39, Thiemeyer macht die Begriffsbestimmung öffentlicher Unternehmen von einer ordnungspolitischen Vorentscheidung abhängig, denn gemeinwirtschaftliche Betriebe sind solche Betriebe, „die sich im Rahmen einer grundsätzlich marktwirtschaftlichen Ordnung, in welcher der privatwirtschaftlich-erwerbswirtschaftliche Unternehmenstyp dominiert, der Erfüllung öffentlicher Ausgaben widmen". *Thiemeyer*, Theo: Die Theorie der gemeinwirtschaftlichen Betriebe in ihrer Entwicklung und ihrer heutigen Gestalt, S. 747.
[41] Vgl. *Garbe*, Georg: Administrierte Preise als Steuerungselement, in: Finanzierung öffentlicher Unternehmen, Festschrift für Paul Münch, Hrsg.: Peter Eichhorn und Theo Thiemeyer, Baden-Baden 1979, S. 105.
[42] *Lösenbeck*, Hans-Dieter: S. 21.
[43] Ebd.: S. 21.

sitzt lediglich einen rein instrumentalen Charakter, „der für jede wirtschaftspolitische Sicht gültig und mit jeder formal vereinbar..."[44] ist.

Der Terminologie-Ausschuß mithin wehrte sich gegen die früher gebräuchliche Verwendung des Begriffes „gemeinwirtschaftlich", die zu einem Ordnungssystem planwirtschaftlicher Prägung aufgrund der Trägerschaft führt und „...unterstreicht daher auch den systemdifferenten Charakter des Begriffs ‚gemeinwirtschaftlich'"[45]. Diese nur formallogische Systematisierung ist aber nur möglich, wenn der sachliche Interdependenzzusammenhang außer acht gelassen wird, da die Existenz der einzelwirtschaftlichen Gebilde wie auch deren Verhaltensweisen in bezug auf die anderen Einzelwirtschaften sicherlich nicht ohne Einfluß auf die gesamtwirtschaftliche Ordnung bleiben kann.

4.1.1. Öffentliches Interesse als Leerformelproblem

Wie im vorhergehenden Abschnitt deutlich wurde, sind mittels rechtlicher sowie organisatorischer Kriterien nur schwerlich Ergebnisse zu gewinnen, um die öffentlichen Unternehmen zu charakterisieren. Da es sich lediglich um eine formale Distanzierung vom Privatwirtschaftssektor handelt, sind Aussagen über die Zwecke, das Wesen oder die ökonomische Berechtigung nicht zu treffen[46].

Die Einzelwirtschaften, die sich den Charakter einer gemeinwirtschaftlichen Handlungsweise zu eigen gemacht haben, sind nicht durch logisch fundierte Grundlagen als öffentlich zu bezeichnen. „Eine allgemeine und für immer gültige Formulierung dessen, was gemeinwirtschaftlich oder gemeinnützig ist, ist nicht möglich. Bei solchen Versuchen entstehen nur neue Leerformeln[47]."

Die Frage nach der philosophisch-ethischen Bestimmbarkeit dessen, was unter dem öffentlichen Interesse zu verstehen ist, kann hier nicht erörtert werden, da je nach politischer und/oder weltanschaulicher Ausgangsposition die verschiedensten Auffassungen vertreten werden können[48]. Zuzustimmen ist v. Loesch, der das an und für sich zeitlos

---

[44] *Rittig*, Gisbert: Die Definition des Terminologie-Ausschusses, S. 215.
[45] *Lösenbeck*, Hans-Dieter: S. 22, vgl. Terminologie-Ausschuß: S. 276.
[46] Vgl. *Lösenbeck*, Hans-Dieter: S. 13.
[47] Dem Begriff des „öffentlichen Interesses" wird der Terminus der „öffentlichen Aufgaben" von Thiemeyer vorgezogen. Thiemeyer setzt aber „öffentliche Interessen" mit dem „Gemeinwohl" und den „Interessen der Allgemeinheit" gleich. Vgl. *Thiemeyer*, Theo: Gemeinwirtschaftlichkeit als Ordnungsprinzip, Berlin 1970, vgl. *ders.*: Wirtschaftslehre öffentlicher Betriebe, S. 42, *v. Loesch*, Achim: Die wirtschafts- und gesellschaftspolitischen Funktionen öffentlicher Unternehmen, S. 142.
[48] Vgl. *Thiemeyer*, Theo: Debatte über die Erfolgswürdigung bei gemeinwirtschaftlichen Unternehmen, S. 253.

4.1. Arbeitsdefinition

Gemeinnützige als nicht existent ansieht. Die Leerformelhaftigkeit der hier zur Frage stehenden Begriffe wurde dadurch ersichtlich, daß man neben der Zeitlosigkeit auch noch Wertneutralität in die materielle Begriffsbestimmung einfließen lassen wollte. Dies mußte scheitern[49].

Greifbar kann die Erklärung des öffentlichen Interesses dadurch gemacht werden, daß bei Bejahung des teleologischen Charakters des Mittelsystems die Abgrenzungskriterien aus dem oben erwähnten Systemzusammenhang von Mitteln und Zielen gewonnen werden können. Lösenbeck präsentiert die hierzu adäquate Fragestellung: „Wird ein Ziel besser durch das Mittel ‚öffentliches Unternehmen' oder besser durch ein anderes Mittel, beispielsweise Steuer- und Zentralbankpolitik, erreicht[50]?"

Setzt man das Modell der vollkommenen Konkurrenz als Idealbild, als zu realisierende Wirtschaftsordnung, unter Berücksichtigung der nicht zu realisierenden Prämissen, voraus, würde das egoistische Erfolgsstreben aller Einzelwirtschaften dazu führen, daß jegliche Interventionen das Spiel der freien Kräfte stören würden. Die Ausrichtung auf das Gemeinwohl wäre für die einzusetzenden Mittel nicht notwendig[51]. Da, wie oben betont, die Durchsetzbarkeit der vollkommenen Konkurrenz schon an den Prämissen scheitern muß und das Spiel der freien Kräfte sich nicht soweit entfalten kann, daß die Preise aller Anbieter bis auf die Selbstkosten heruntergekonkurrieren werden würden, besteht ein besonderes öffentliches Interesse darin, mit Hilfe wirtschafts- und ordnungspolitischer Eingriffe und Mittel die Schwachstellen des verfolgten Systems bzw. Leitbildes überwinden oder gar beseitigen zu helfen. Die hierzu benötigten Instrumente, mit einer Bindung an hoheitliche Organe versehen, müßten durch Intervention zur Realisierung der Ziele einsetzbar sein, sie müßten öffentlichen Interessen genügen. Ob nun das sogenannte öffentliche Interesse durch das Mittel öffentliches Unternehmen oder durch andere wirtschaftspolitische Mittel (Fiskalpolitik u. ä.) besser oder schlechter realisiert werden kann bzw. ihm dienlicher ist, kann nach Rittig nur durch vorsichtiges und geschicktes Tasten und Vermuten herausgefunden werden[52].

---

[49] Vgl. *v. Loesch*, Achim: Möglichkeiten und Grenzen gemeinwirtschaftlicher Unternehmenskonzeptionen, in: Gemeinwirtschaft im Wandel der Gesellschaft, Festschrift zum 75. Geburtstag von Hans Ritschl, Hrsg.: G. Rittig und H.-D. Ortlieb, Berlin 1972, S. 80.
[50] Vgl. *Lösenbeck*, Hans-Dieter: S. 14.
[51] Ebd.: S. 14.
[52] Vgl. *Rittig*, Gisbert: Die Definitionen des Terminologie-Ausschusses, S. 220.

Eine zeitlose und generelle Bestimmung des Begriffes „öffentliches Interesse" ist nach Weisser nicht möglich, denn es „... gibt nicht das an sich zeitlos Gemeinnützige; das jeweils Gemeinte muß durch geschichtsbezogene Normen festgelegt werden"[53]. Dies bedeutet, daß der Versuch, zu einem abschließenden und absolut gültigen Werturteil zu gelangen, zum Scheitern verurteilt ist, da hieraus wieder neue Leerformeln entstehen, besonders dann, wenn aus einer Aussage ein normativer Maßstab für die Entscheidungen über die öffentlichen Unternehmen entnommen wird[54].

Mit Thiemeyer ist hier einzustimmen, daß „... die Tatsache der Vielfalt und Wandelbarkeit der Auffassungen über wirtschaftspolitische und gesellschaftspolitische Ziele hinzunehmen..."[55] ist, um so gleichzeitig auf diese Weise der Gefahr zu entgehen, eine rein formale Bestimmung des „öffentlichen Interesses" mit materieller Bestimmtheit zu verwechseln. Ist man sich der Leerformelhaftigkeit erst bewußt, so „... reduziert sich dann (das Definitionsproblem; Anm. d. Verf.) auf das Problem der Inhaltsbestimmung des Begriffes Gemeinwohl, dem das gemeinwirtschaftliche Unternehmen in einer konkreten Situation zu dienen hat"[56].

Einer inhaltlichen Auffüllung des Begriffes „öffentliches Interesse" mit gewollten, ganz konkret formulierten Zielen steht nichts mehr im Wege. Die Wertsetzungen und die Verhältnisse der Umwelt müssen Eingang in den aufzufüllenden Begriff finden. Eine einheitliche Auffassung über die Gemeinwirtschaftlichkeit wird es nicht geben können, da „... Aussagen über den Inhalt von Gemeinwirtschaftlichkeit ... nur unter Bezug auf gesellschaftspolitische Leitbilder möglich..."[57] sind. Dies soll besagen, daß Aussagen über das öffentliche Interesse immer Werturteile politischer Natur sind. „Es gibt keine Möglichkeit der ‚unpolitischen', ‚rein rationalen', ‚rein wissenschaftlichen' Bestimmung von Gemeinwirtschaftlichkeit. In der Bestimmung dessen, was einzelne oder Gruppen unter ‚gemeinwirtschaftlich' verstehen, schlägt sich ihr politisches Selbstverständnis nieder[58]."

---

[53] *Weisser*, Gerhard: Gemeinnützigkeit und Paritätspostulat, in: Sparkasse, 1964, Heft 22, S. 343.

[54] Mit der Leerformelproblematik hat sich insb. E. *Topitsch* in seinem Aufsatz „Sprachlogische Probleme der sozialwissenschaftlichen Theoriebildung" beschäftigt, vgl. *Topitsch*, Ernst: Sprachlogische Theoriebildung, in: Logik der Sozialwissenschaften, Hrsg.: Ernst Topitsch, 8. Aufl., Köln 1972, S. 28 ff.

[55] *Thiemeyer*, Theo: Gemeinwirtschaftlichkeit als Ordnungsprinzip, S. 75.

[56] *v. Loesch*, Achim: Möglichkeiten und Grenzen gemeinwirtschaftlicher Unternehmenskonzeptionen, S. 81.

[57] *Thiemeyer*, Theo: Wirtschaftslehre öffentlicher Betriebe, S. 42.

[58] *Derselbe*: Zur Theorie der Gemeinwirtschaft in der Wirtschaftswissenschaft, in: Gewerkschaftliche Monatshefte, 23. Jg., 1972, Heft 3, S. 138.

4.1.2. Auffüllen der Leerformel mit gewollten Sachverhalten

Dem gemeinnützigen Disponieren, dem Verfolgen des öffentlichen Interesses oder der Realisierung des Gemeinwohls muß eine materielle Bestimmung widerfahren, denn nach Thiemeyer erscheint das als öffentliches Interesse, „was die politisch maßgeblichen Gruppen als das ‚öffentliche Interesse' deklarieren"[59]. Wiederum bedeutet dies, daß innerhalb des politisch-relevanten Kräftefeldes kein Konsens über den Inhalt des öffentlichen Interesses besteht. Es könne sich hier für öffentliche Unternehmen ein konfligierender Zustand einstellen, falls über den instituionellen Sinn öffentlicher Unternehmen keine Einigkeit besteht. Auch könnte, so Thiemeyer, die Gefahr bestehen, daß die von den tragenden politischen Kräften vertretene Auffassung über die inhaltliche Bestimmung des öffentlichen Interesses mit anderen politischen Standpunkten nicht vertretbar erscheint[60].

Angezeigt erscheint es daher, eine Abkehr von der Gemeinnützigkeit schlechthin durchzuführen, denn zur Gewinnung eines normativen Ansatzes ist es unabdingbar, sich die grundsätzlichen Funktionen öffentlicher Unternehmen in einer Wettbewerbswirtschaft vor Augen zu halten.

Die angestrebten Funktionen gemeinwirtschaftlicher Unternehmen (Ergänzungsfunktion, Anpassungsfunktion an die Optimalbedingungen des wohlfahrtsökonomischen Modells, Machtfaktor im Sinne einer Ordnungsfunktion) sollen dahin gehend beleuchtet werden, welche Reaktionen sie in einer sozialen Marktwirtschaft bei den wirtschaftenden Einheiten und auf den Marktverlauf bewirken können.

Wenn in den weiteren Ausführungen von einer „sozialen Marktwirtschaft" die Rede sein soll, so liegt hier die Definition von Müller-Armack zugrunde, in der ein System als sozial bezeichnet wird, weil in ihm eine „... Koordination erstrebt wird zwischen den Lebensbereichen des Marktes, des Staates und den gesellschaftlichen Gruppen"[61].

4.2. Ziele öffentlicher Unternehmen und deren Operationalisierung

Gewolltes, ex ante-bezogenes Handeln[62] gemeinwirtschaftlicher Wirtscheitseinheiten beruht letztlich auf der Befriedigung von Bedürfnissen in der Versorgung der Menschen. Hierzu sind öffentliche Einrichtungen

---
[59] *Derselbe:* Gemeinwirtschaftlichkeit als Ordnungsprinzip, S. 146.
[60] Vgl. *Thiemeyer,* Theo: Gemeinwirtschaftlichkeit als Ordnungsprinzip, S. 146.
[61] *Müller-Armack,* Alfred: Wirtschaftsordnung und Wirtschaftspolitik, Freiburg i. Br. 1966, S. 297.

erforderlich, die sich als Instrumente dazu eignen sollen, die Bedürfnisse zu befriedigen. Es sind daher mögliche Auswahlkriterien aufzufinden, anhand derer eine Beurteilung der Interessenansprüche an das öffentliche Unternehmen möglich wird. Nach Kähne muß geklärt werden, „welche Ansprüche in welchem Umfang wann, wie, wo, zu wessen Gunsten und zu wessen Lasten zu erfüllen sind"[63].

Das, was in die inhaltliche Zielbestimmung für öffentliche Unternehmen eingehen soll, muß auf Praktikabilität ausgerichtet sein, muß zu eindeutigen Zielsetzungen in bestimmten Situationen führen können. Schwierigkeiten entstehen in diesem Stadium z. B. in der Einbeziehung außer-ökonomischer Größen, die nach Schulz aber als Determinante für die ökonomischen Unternehmensziele des öffentlichen Unternehmens erforderlich sind[64] und gleichzeitig als Abgrenzungsmerkmal gegenüber der Zielsetzung privatwirtschaftlich-erwerbswirtschaftlicher Unternehmen geeignet sind, wenngleich immer zu erkennen ist, daß ein Zielkatalog gemeinwirtschaftlicher Unternehmen nur dann erstellt werden kann, wenn geklärt ist, was denn überhaupt „Gemeinwirtschaft" bedeutet; alles andere wäre Zauberei[65].

Wie weiter unten noch aufzuzeigen ist, treten ebenso Schwierigkeiten bei der Zielbestimmung dadurch auf, daß nicht nur die Eigentümer oder die Träger des Unternehmens auf eine Zielbestimmung Einfluß nehmen, sondern auch noch andere Gruppen ihre Ansprüche durchzusetzen versuchen, weil nach deren Meinung ein öffentliches Interesse vorliegt.

Durch die Leerformelhaftigkeit des öffentlichen Interesses wurden unterschiedliche Interpretationen der Gemeinwirtschaftlichkeit, die es an und für sich nicht gibt, ersichtlich. Auch konträre Sachverhalte und Interessenlagen bedingen somit eine Mehrdeutigkeit der entsprechenden Auswahlkriterien für ein Handeln nach gemeinwirtschaftlichen Prinzipien.

Fraglich ist, ob überhaupt eine generell gültige Zielkonzeption für gemeinwirtschaftliche Unternehmen, bei operationaler Definition der

---

[62] Vgl. *Wallraff*, Hermann-Josef: Aktuell-funktionale Gemeinwirtschaft, Frankfurt a. M. 1971, S. 5. Denkbar ist auch eine ex post abzugrenzende Gemeinwirtschaftlichkeit, und zwar dann, wenn sie nur zufällig im Nachhinein anzuerkennen ist.

[63] *Kähne*, Otto: Sozialökonomische Grundlagen der Bestimmung betriebswirtschaftlich operationaler Zielkonzeptionen bei öffentlichen gemeinwirtschaftlichen Betriebswirtschaften, Diss., Berlin 1974, S. 185.

[64] Vgl. *Schulz*, Werner: Gemeinwirtschaft als unternehmerische Zielsetzung, in: ZfB, 49. Jg., 1979, Heft 8, S. 746.

[65] Vgl. *Schürholt*, Heinz: S. 32.

4.2. Ziele öffentlicher Unternehmen

Ziele, wie sie Thiemeyer gefordert hat[66], nach diesbezüglichen Auswahlkriterien sinnvoll ist, zumal dann oftmals auf politische Dimensionen zurückzugreifen ist[67]. Aufgrund politischer Diskussionen auf verschiedenen Ebenen (z. B. Kreis, Land, Bund) werden durch politisch Legitimierte[68], die nicht immer gleichzeitig Politiker sein müssen, wertende Setzungen im Hinblick auf die zu bewältigenden (gemeinwirtschaftlichen) Aufgaben eingebracht, denn es existiert kein Wahlmechanismus, „der allein von einer übergeordneten Zielvorgabe ausgehend einen bewußten, hinreichend legitimierten Einsatz des Instrumentes ‚gemeinwirtschaftliche Betriebswirtschaft' garantiert"[69].

Der Gefahr des Tendierens öffentlicher Unternehmen hin zu einem erwerbs- bzw. privatwirtschaftlichen Verhalten kann dadurch begegnet werden, daß „... durch die ständige Heraushaltung des politisch-instrumentalen Charakters der gBW (gemeinwirtschaftlichen Betriebswirtschaft; Anm. d. Verf.) ihre spezifischen Besonderheiten ... immer wieder deutlich werden"[70]. Zu diesen Besonderheiten ist zwar generell das öffentliche Interesse hinzuzurechnen; da es jedoch unmittelbar keine Grundlage für eine operationale Zielsetzung sein kann, muß der Begriff, wie oben angeführt, durch politische Diskussionen inhaltlich aufgefüllt werden, wobei rechtliche (z. B. Gemeindeordnungen) wie auch betriebswirtschaftliche Einflüsse (z. B. Finanzierungskonzeption) zu berücksichtigen sind.

Steht ein öffentliches Unternehmen mit privatwirtschaftlich ausgerichteten Wettbewerbern im Konkurrenzkampf, wird es aber auf die Rendite ebenso zu achten haben, um den Unternehmensbestand zu ge-

---

[66] Vgl. *Flohr*, Heiner: Debatte über die Erfolgswürdigung, in: Annalen der Gemeinwirtschaft, 34. Jg., 1965, Doppelheft 2/3, S. 325. Weitere Zielkataloge wurden von Oettle und von Van der Bellen erarbeitet. Oettle führt die Bedarfsdeckungs-, Bedarfslenkungs-, Belastungs- (im verteilungspolitischen Sinn) und Produktionsziele an. Van der Bellen zeigt die Rolle öffentlicher Unternehmen als Instrumente der allokations-, distributions-, konjunktur- und wachstumspolitischen Intervention. Vgl. *Oettle*, Karl: Grundfragen öffentlicher Betriebe, Bd. I der Schriften zur öffentlichen Verwaltung und öffentlichen Wirtschaft, Baden-Baden 1976, S. 24 ff. und vgl. *Van der Bellen*, Alexander: Öffentliche Unternehmen zwischen Markt und Staat, Köln 1977, S. 18 ff.

[67] Vgl. *Kähne*, Otto: S. 187 f., s. a. hierzu den von Thiemeyer entwickelten Zielkatalog öffentlicher Unternehmen, in dem sich u. a. ein wettbewerbspolitisches Ziel finden läßt, vgl. hierzu *Thiemeyer*, Theo: Wirtschaftslehre öffentlicher Betriebe, S. 60 ff.

[68] Durch die Träger der Zielbildung und Zielentscheidung soll die Instrumentalthese deutlich zum Tragen kommen, da Unternehmen nicht Selbstzweck, sondern Instrumente der öffentlichen Hand sind. Vgl. *Schürholt*, Heinz: S. 39.

[69] Vgl. *Kähne*, Otto: S. 198.

[70] Ders.: S. 189.

währleisten. Die Gewinnverwendungsentscheidung mithin kann anschließend im Sinne der außer-ökonomischen Oberziele erfolgen. Nur unter der Ausschöpfung der Differentialrente ist es dem öffentlichen Unternehmen möglich, nicht kapitalmäßige Interessen, wie z. B. die Korrektur und die Förderung des Wettbewerbs, zu verfolgen[71]. Diese nicht dem Schmalenbach'schen Gemeinwirtschaftsbegriff[72] entsprechende Auslegung, die heute leider noch nicht als allgemein anerkannt gilt, widerspricht damit der pauschalierenden Auffassung, daß öffentliche Unternehmen sich primär in ihren Marktverhaltensweisen auf die Gewinnmaximierung ausrichten, dagegen jedoch die von der Obrigkeit zugeteilten Aufgaben durchzuführen haben, um somit „... auf eine bessere Entfaltung und Optimierung des in einer Volkswirtschaft vorhandenen Wirtschaftspotentials"[73] hinzuarbeiten. Nach Röper, der sich als einer der wenigen Wettbewerbstheoretiker mit der in dieser Arbeit zentralen Frage der wettbewerbspolitischen Funktion öffentlicher Unternehmen befaßt hat[74], ist durchaus die Ansicht vertretbar, daß gemeinwirtschaftliches Handeln öffentlicher Unternehmen auch dann vorliegt, wenn die Gewinnverwendung im öffentlichen Interesse, „im Interesse des von den Politikern jeweils angestrebten und auch oft konkretisierten Gemeinwohls liegt"[75].

Die politische Diskussion der Zielsetzungen öffentlich-gemeinwirtschaftlichen Handelns kann durch gegensätzliche Ansichten über den Inhalt des Gemeinwohls zu politischen Konflikten, die es auszutragen gilt, führen. Die Konflikte können sich daran entzünden, daß die Frage nach der objektiven Notwendigkeit einer öffentlichen Aufgabe mit subjektiven Ansichten bestimmter, gesellschaftlich tragender Gruppen vermischt werden. Zwar mag es Bereiche geben, in denen das Tätigwerden der öffentlichen Hand außer Zweifel steht (z. B. im Krankenhauswesen), andererseits sind aber Bereiche anzuführen, die erst durch einen politischen Akt zur Übernahme öffentlicher Aufgaben auserkoren werden[76].

Die neben den politischen Einflüssen und den Rechtsnormen zu beachtenden betriebswirtschaftlichen Einflüsse, die in die Zielkonzeption öffentlicher Unternehmen eingehen und diese bestimmen, sind in drei Teilkonzeptionen zu gliedern. Durch die Grundkonzeption sollen die

---

[71] Vgl. *Schulz*, Werner: S. 746.
[72] Vgl. ebd.: S. 743 f.
[73] *Garbe*, Georg: S. 107, Garbe spricht davon, daß die Gewinnoptimierung durch öffentliche Unternehmen systemwidrig sei, ohne sich mit ähnlichen Gedanken, wie den obigen, auch nur kurz auseinanderzusetzen.
[74] Vgl. *Röper*, Burkhardt: S. 113 ff.
[75] Ebd.: S. 114.
[76] Vgl. *Kähne*, Otto: S. 204.

4.2. Ziele öffentlicher Unternehmen

Leitlinien des Wirkens gemeinwirtschaftlicher Betriebswirtschaften festgelegt und formuliert werden[77]. Die Grundkonzeption umfaßt neben rein betrieblichen auch metaökonomische Gesichtspunkte (v. Loesch spricht von metaökonomischen Plan-, Ober- bzw. Normzielen[78]). Dies entspricht eben der rationalistischen Gemeinwohlbestimmung aus volkswirtschaftlicher Sicht[79]. Es ist aber zu bemerken, daß zwischen der Grundkonzeption und den unmittelbar auf betriebliche Faktoren abstellenden, anderen Konzeptionen (Leistungs- und Finanzierungskonzeption) Interdependenzen bestehen. Die Grundkonzeption strukturiert aufgrund der dominanten Stellung innerhalb der Zielgruppen die anderen Konzeptionen vor. Von Loesch bezeichnet die anderen Zielgruppen[80] als Mittel für die „höheren" Oberziele[81]. Es kann endlich nichts anderes bedeuten, daß der Transfer der makroökonomisch ausgerichteten Ziele, die zur Grundkonzeption zu rechnen sind, auf der Ebene des einzelnen öffentlichen Unternehmens in den Vollzug der Leistungskonzeption gehört[82].

Ob nun zwischen den „untergeordneten" Zielkonzeptionen dominante Stellungen ermittelbar sind, ist generell nicht zu beantworten; sie wechseln im Zeitablauf. Sieht man z. B. die Lückenbüßerfunktion gemeinwirtschaftlicher Unternehmen, so könnte man geneigt sein, der Leistungskonzeption eine gewisse Dominanz zuzusprechen (oder auch Sachzielorientierung)[83].

Die Schwierigkeiten treten aber nicht nur hinsichtlich der Findung operationaler, betriebswirtschaftlicher Zielkonzeptionen auf. Zwar wird die Zielbestimmung für gemeinwirtschaftliche Betriebswirtschaften dadurch erschwert, daß sie im Verlaufe eines sozialen Interaktionsprozesses die Wünsche und Bedürfnisse aller gesellschaftlich relevanten Gruppen zu berücksichtigen hat; es ist aber durch die Schaffung einer betriebsindividuellen Konzeptionierung der Ziele noch nicht gewährleistet, daß sich die Ziele über überbetriebliche Erfordernisse transfor-

---

[77] Vgl. ebd.: S. 228.
[78] Vgl. v. Loesch, Achim: Zur Diskussion um die Ziele und Erfolge von Unternehmen, in: Archiv für öffentliche und freigemeinnützige Unternehmen, 1974, Bd. 10, Heft 3/4, S. 218.
[79] Vgl. Schürholt, Heinz: S. 24.
[80] v. Loesch benennt die untergeordneten Zielgruppen mit Sach- und Geldziel, vgl. ebd.: S. 223.
[81] Vgl. ebd.: S. 218.
[82] Vgl. Schürholt, Heinz: S. 46; s. a. Thiemeyer, Theo: Artikel „öffentliche Unternehmen", in: Wörterbuch zur politischen Ökonomie, Hrsg.: Gert v. Eynern, Opladen 1973, S. 255—260.
[83] Vgl. v. Loesch, Achim: Zur Diskussion um die Ziele und Erfolge von Unternehmen, S. 220.

mieren lassen[84]. Die Übertragung betrieblicher Zielsetzungen bzw. -konzeptionen in gesamtwirtschaftliche Zielsetzungen dürfte jedoch das schwierigste Problem darstellen. Es ergibt sich die generelle Frage, ob überhaupt durch mikroökonomische Zielsetzungen (der einzelnen gemeinwirtschaftlichen Betriebswirtschaften) makroökonomische Ziele erreicht werden können. Es gilt die Summe aller einzelnen Interessen, die Ansprüche aus dem politischen und makroökonomischen Denkbereich, in eine mikroökonomisch operationale Aufgabe für die Unternehmenspolitik zu transformieren.

4.2.1. Einfluß der Träger öffentlicher Unternehmen auf die Zielbildung und deren Durchsetzungsmöglichkeiten

Betrachtet man den Mittelcharakter öffentlicher Unternehmen, so ist noch nicht gewährleistet, daß diese Mittelfunktion transformierbar ist von dem wirtschaftspolitischen Willen der jeweiligen Regierung bzw. Entscheidungsträger auf die untergeordneten öffentlichen Unternehmen, denn die öffentliche Wirtschaft wird nicht, wie Witte / Hauschildt[85] bemerken, von einem monolithischen Willen beherrscht. „Vielmehr versuchen viele öffentliche Hände in die Wirtschaft einzugreifen ... Auf jeder dieser Stufen (Bund, Länder und Gemeinden; Anm. d. Verf.) treten Exekutive und Legislative — oft unter Konkurrenz — mit dem Wunsch nach Einlaß auf[86]."

Um nun beurteilen zu können, welche Verhaltensweisen öffentliche Unternehmen zeigen, ist es wichtig zu wissen, welche Ziele die Eigentümer durch ihren Einfluß verfolgen[87] und in welchem Umfang die öffentliche Unternehmung eine instrumentale Funktion besitzt, denn ein maßgebliches Merkmal für die Zuerkennung der Trägereigenschaft an einer Unternehmung besteht in der Möglichkeit, „Einfluß auf die Wahl der Zielkonzeption der Unternehmung und ihre — vorwiegend — strategische Erfüllung nehmen zu können"[88].

Da neben der Legitimierung durch Eigentümerschaft noch andere Gruppen sich auf die Einhaltung des „öffentlichen Interesses" berufen (so z. B. die Gewerkschaften, Markt- und Vertragspartner)[89], gerät das mit instrumentalem Charakter versehene öffentliche Unternehmen in ein Spannungsfeld verschiedener Interessen. Diese divergierenden In-

---

[84] Zielsysteme öffentlicher Unternehmen enthalten auch unternehmensexterne Kriterien als Zielvariablen, vgl. *Schürholt*, Heinz: S. 46.
[85] Vgl. *Witte*, Eberhard unter Mitwirkung von Jürgen *Hauschildt*: S. 14.
[86] Ebd.: S. 14.
[87] Vgl. *Hamm*, Walter: Kollektiveigentum, S. 19.
[88] *Schmidt*, Ralf-Bodo: S. 235.

4.2. Ziele öffentlicher Unternehmen

teressenlagen können über ein Koalitionskonzept zur Einigung durch Verhandlung und/oder Ausgleichszahlungen von monetären und nichtmonetären Leistungen gebracht werden, um somit über die Aufgabe alter Positionen ein geschlossenes Zielsystem zu erstellen[90]. Dies zeigt auf, daß das Zielsystem des öffentlichen Unternehmens durch einen zum Teil schmerzlichen und langwierigen Prozeß zu erarbeiten ist. Zieht man die vorgenannten, nicht dem Unternehmen über die Trägerschaft verbundenen Gruppen in die Zielfindung mit ein, so multiplizieren sich die Probleme, da diese Gruppen häufig vehement ihre unternehmensexternen Zielvariablen in das Zielsystem des öffentlichen Unternehmens einzubringen versuchen[91].

Wie aus den Ausführungen über die Arbeitsdefinition der öffentlichen Unternehmen hervorging, ist die Trägerschaft bzw. die Frage der Eigentumsverhältnisse[92] hinsichtlich eines gemeinnützigen Verhaltens von Unternehmen nicht heranziehbar, da die Zielsetzung maßgeblich für ein gemeinwirtschaftliches Verhalten ist. Jedoch wird die Zielsetzung durch die Eigentümerschaft beeinflußt. Dies bedeutet, daß die komplexe Zielsetzung erstrangig von dem Willen der Unternehmensträger geformt wird[93].

Auch von Juristen wird im Eigentum das wesentliche Mittel gesehen, „das einen maßgeblichen Einfluß der öffentlichen Hand auf das Unternehmen sichert, da es als absolutes Recht das stärkste Bindungsmittel ist"[94].

Witte / Hauschildt sehen die Willens- bzw. Zieldurchsetzung der öffentlichen Hand mitunter dadurch als realisierbar an, „wenn das Interesse der Anteilseigner so vital, so präzise war und aus einer so eindeutigen Situation hervorging, daß die übrigen Interessenten diesem Wil-

---

[89] Vgl. *Grochla*, Erwin: Unternehmensorganisation, Bd. I., Reinbek 1972, S. 153. Grochla führt unter Berufung auf empirische Untersuchungen folgende Individuen bzw. Individuen-Koalitionen an, die aktiv an der Zielsetzung teilnehmen können: Mitglieder d. Unternehmensführung, Eigentümer, Angestellte, Arbeiter, Lieferanten, Kunden, Kreditgeber, externe Berater.
[90] Vgl. *Schürholt*, Heinz: S. 42.
[91] Vgl. ebd.: S. 46.
[92] Zur Frage der Träger- bzw. Eigentümerschaft bestehen in der Literatur mehrdeutige Auffassungen. Von Wysocki benutzt die Begriffe synonym. Vgl. *v. Wysocki*, Klaus: Betriebswirtschaftslehre und Staat, in: Zeitschrift für betriebswirtschaftliche Forschung, 18. Jg., 1966, S. 214; im Gegensatz zu dieser Auffassung sieht Wallraff nicht notwendigerweise eine Synonymität. Träger kann durchaus das Management sein, das gemäß der Zielsetzung ein Unternehmen steuert. Vgl. *Wallraff*, Hermann-Josef: S. 4.
[93] Vgl. *Schmidt*, Ralf-Bodo: S. 240.
[94] *Vygen*, Klaus: Öffentliche Unternehmen im Wettbewerbsrecht der EWG, Köln—Berlin—Bonn—München 1967, S. 64.

lensimpuls keine Wirkungskraft entgegenzusetzen wußten"[95]. Bei dieser Möglichkeit der Willensdurchsetzung sei vor allem an Neugründungen von öffentlichen Unternehmen gedacht, weil einerseits eine Konstituierung der Interessen nicht möglich war und andererseits die zielsetzenden Instanzen ihre eigenen Wünsche zu interpretieren in der Lage sind[96].

Bei der materiellen Abhängigkeit der öffentlichen Unternehmen in der Gründungsphase (z. B. durch Einlagen und Starthilfen) sowie bei bestehenden Unternehmen (durch Geschäftsverlust bedingte Subventionsbedürftigkeit) ist der Eigentümerwille ebenfalls durchsetzbar. Witte / Hauschildt sehen hierin eine Ausspielung politischer Machtpositionen[97]. Nicht immer aber fließen Eigentümerinteressen in den Willens- bzw. Zielbildungsprozeß ein. An Stelle der Eigentümer können diejenigen politischen Instanzen treten, von denen das Unternehmen z. B. hinsichtlich der Tarifgenehmigung, der Subventionierung etc. abhängig ist[98].

Mit der sogenannten „neueren Betriebswirtschaftslehre" vollzog sich eine Abkehr vom Glauben an einen Betrieb als Entscheidungseinheit hin zu der Einsicht, daß auch gemeinwirtschaftliche Unternehmen als nichtmonolithische Entscheidungseinheiten angesehen werden können[99], da, so Thiemeyer, psychologische, (organisations)soziologische wie auch sozialpsychologische Prozesse in den Zielbildungsprozeß Eingang finden[100]. Die Frage, ob die Ziele von außen vorgegeben oder das Resultat interner Prozesse sind, ist auf zweifache Art zu beantworten, denn bezieht „... man den Träger in das betriebliche System ein, ist es ein innerbetriebliches Problem ... Im Falle eines Großaktionärs als Träger ... scheint die Hypothese, daß die Ziele von außen vorgegeben sind, nicht abwegig zu sein"[101]. Im weiteren Verlauf soll von der Hypothese der von außen erfolgten Zielvorgabe ausgegangen werden.

Das in der Organisationstheorie erwähnte Nichtherstellen eines „... *a priori-Konsens* hinsichtlich der Zielvorstellungen der potentiellen Entscheidungsträger ..."[102], das sich in Zielantinomien (Zielsetzungen stehen sich diametral entgegen) und Zielkonkurrenzen (zunehmende Erfüllung eines Ziels führt zur wachsenden Nichterfüllung eines anderen

---

[95] *Witte*, Eberhard unter Mitwirkung von Jürgen *Hauschildt*: S. 68.
[96] Vgl. ebd.: S. 68.
[97] Vgl. ebd.: S. 68.
[98] Vgl. *Witte*, Eberhard u. M. v. Jürgen *Hauschildt*: S. 69.
[99] Vgl. *Grochla*, Erwin: S. 41.
[100] Vgl. *Thiemeyer*, Theo: Wirtschaftslehre öffentlicher Betriebe, S. 26.
[101] Ebd.: S. 27.
[102] *Grochla*, Erwin: S. 153.

Ziels) äußert, soll hier nicht näher angesprochen werden und müßte sicherlich aus Gründen der Vollständigkeit in einer eigenständigen Abhandlung eine Aufbereitung finden.

Abgrenzend sei noch darauf hingewiesen, daß durch Kapitaleinsatz und/oder Teilnahme an der Leitung des Unternehmens die öffentliche Hand die Möglichkeit besitzt, öffentliche Unternehmen mit instrumentalem Charakter zu versehen, der Staat aber durch die Gestaltung der Wirtschaftsordnung es sich ermöglicht, die Verhaltensweisen der Unternehmen und somit deren Möglichkeiten bei der Zielsetzung und -erreichung zu beeinflussen[103]. Eine solche Einflußnahme führt aber nicht zu der hier gemeinten Trägerschaft.

4.2.2. Zu den Strukturmerkmalen des Sinns

Der aus der unternehmensmorphologischen Forschung entstammende Begriff des „Sinns einer Unternehmung" im Sinne von Weisser meint lediglich den Zweck, das Ziel oder die Aufgabe eines Unternehmens, die das Dasein und das Verhalten des Gebildes bestimmen[104]. Auch Cox sieht als den Kernpunkt der unternehmensmorphologischen Lehre die Sinneigenschaften von Einzelwirtschaften an, wobei die Erfassung von Sinneigenschaften (Motive und Ziele des wirtschaftlichen Handelns und der Ränge und Intensitäten, der Talente und Temperamente der Unternehmensgestalter) zwar interessant, gleichzeitig aber auch morphologisch schwierig sind[105].

Will man den Sinn bzw. die Zielfunktion öffentlicher Unternehmen erhellen, so soll es genügen, wenn von begründeten Vermutungen ausgegangen wird. D. h., daß die Ziele (auch das wettbewerbspolitische) in irgendeiner Weise für unternehmerisches Verhalten von Relevanz sind oder sein können sowie Plausibilität besitzen. Thiemeyer weist mit Recht darauf hin, daß an „... die Vermutung der *Relevanz* und an die *Plausibilität* ... keine größeren Anforderungen gestellt (werden), als sie die bisherige Betriebswirtschaftslehre an das hypothetisch unterstellte Ziel der Gewinnmaximierung gestellt hat"[106]. Das Arbeiten mit

---

[103] Vgl. *Schmidt*, Ralf-Bodo: S. 236.
[104] Vgl. *Weisser*, Gerhard: Unternehmensmorphologie und Einzelwirtschaftspolitik als betriebswirtschaftliche Disziplin der Sozialwissenschaften, in: Archiv für öffentliche und freigemeinnützige Unternehmen, 1968/69, Bd. 10, Heft 1, S. 6.
[105] Vgl. *Cox*, Helmut: Analyse und Theorie der einzelwirtschaftlichen Strukturen als Gegenstand der Unternehmensmorphologie, in: Archiv für öffentliche und freigemeinnützige Unternehmen, 1967, Bd. 8, Heft 4, S. 292.
[106] *Thiemeyer*, Theo: Unternehmensmorphologie. Methodische Vorbemerkungen zur Bildung praxisbezogener Betriebstypen, in: Archiv für öffentliche und freigemeinnützige Unternehmen, 1974, Bd. 10, Heft 1/2, S. 97.

begründeten Vermutungen (Arbeitshypothesen) erfordert jedoch die Unterscheidung zu gesichertem, nomologischen Wissen als dem Forschungsideal, denn Arbeitshypothesen könnten mitunter „... nur Ergebnis subjektiver Abschätzung und Einführung sein"[107].

Es ist nun im Anschluß an die von Weisser eingebrachte Unterscheidung des „institutionell festgelegten" und „subjektiv gemeinten Sinn" die Frage zu stellen, wie nun das wettbewerbspolitische Ziel den öffentlichen Unternehmen zu eigen ist, wobei eine allgemeine, wie auch gleichzeitig perfektionistische, Lösung für alle Arten der öffentlichen Anbieter nicht zu finden sein wird. Letztlich muß der Tatbestand Beachtung finden, daß „... der Sinn keines Unternehmens ... nur aus einem Ziel (besteht)"[108]. Auf die Schwierigkeiten einer solchen Betrachtung unter ceteris-paribus-Bedingung soll weiter unten eingegangen werden.

4.2.2.1. *Institutionell festgelegter Sinn hinsichtlich der Wettbewerbsfunktion*

Der institutionell festgelegte Sinn ist der aus Gesetz, Satzung, Gründungsurkunde oder auf eine andere Weise erkennbare Zweck (die Aufgabe, das Ziel) des Unternemens[109]. Diese institutionelle Sinnbestimmung dessen, was öffentliche Unternehmen zu leisten haben, muß zwingend ergänzt werden durch eine sachliche Angabe, „wann ein gemeinwirtschaftliches Unternehmen sich auch gemeinwirtschaftlich verhält"[110]. Das, was letztlich Resultat gemeinwirtschaftlichen Handelns ist, dem Geiste der Gemeinwirtschaft folglich entsprechend verpflichtet, ist weder als gut noch als schlecht zu erkennen. Schwierigkeiten ergeben sich daraus, daß die Unternehmensaufgaben sich oftmals Leerformeln, wie z. B. im „öffentlichen Interesse" und in der „Förderung von Belangen der Volkswirtschaft", äußern.

Weisser, den den Inhalt des Wortes „institutionell" mit „organisatorisch" oder „traditionell festgelegt" umschreibt[111], weist ausdrücklich auf den inhaltsarmen Charakter der Vorschriften über die Gemeinnützigkeit als Generalklausel hin, die nur durch die Rechtsprechung höchster Gerichte inhaltlich konkretisiert werden kann. Berücksichti-

---

[107] *Cox*, Helmut: S. 310.
[108] *Weisser*, Gerhard: Die Unternehmensmorphologie — nur Randgebiet? — Bemerkungen zu ihrer Erkenntniskritik und Methodologie, in: Archiv für öffentliche und freigemeinnützige Unternehmen, 1966, Bd. 8, Heft 1, S. 13.
[109] *Thiemeyer*, Theo: Unternehmensmorphologie, S. 98.
[110] Vgl. *Schürholt*, Heinz: S. 16 f.
[111] *Weisser*, Gerhard: Die Unternehmensmorphologie — nur Randgebiet, S. 31.

gung muß der dynamische Aspekt des Inhalts der Gemeinnützigkeit finden, der nach Weiser durch geschichtsbezogene Normen immer wieder neu festgelegt werden muß[112].

Besonders in bezug auf die Transformierung der makroökonomischen Zielsetzungen auf die mikroökonomische Ebene vermag die institutionelle Sinnbestimmung Probleme aufzugeben[113]. Bezüglich des möglicherweise institutionell festgelegten Ziels des Schutzes vor Wettbewerbsbeschränkungen könnte an einzelwirtschaftliche Gebilde die Forderung herangetragen werden, im Rahmen der Wahrnehmung öffentlicher Interessen (Herstellung des öffentlich aufgegebenen Wettbewerbs) tätig zu werden[114].

Eine explizite Ausformulierung des wettbewerbspolitischen Ziels im Rahmen einer institutionellen Sinnbestimmung ist jedoch nicht zu finden. Für das einzelne öffentliche Unternehmen liegt die Dominanz in der Konkretisierung der Leistungskonzeption, wie ja auch der Leistungsbegriff einen mikroökonomischen Tatbestand anspricht[115]. Witte / Hauschildt betonen, daß die zu erbringende Leistung nicht im Lichte volkswirtschaftlicher Zielsetzungen zu sehen ist, sondern vom Standpunkt der diese Leistungen erbringenden Unternehmen. Konkret kann dies bedeuten, daß nicht ein abstrakt formuliertes wettbewerbspolitisches Ziel die Leistung eines öffentlichen Unternehmens bedingt, sondern die Versorgung der Bevölkerung mit irgendwelchen Gütern und Dienstleistungen Grundlage für die Art der Leistung der Unternehmung ist[116]. Thiemeyer zieht aus diesen Schwierigkeiten den Schluß, daß bei der Verfolgung volkswirtschaftlicher Zwecke durch öffentliche Unternehmen den Betriebswirten operationale Kriterien zur Hand gegeben werden müssen. Es muß eine „... Übersetzung der volkswirtschaftlichen Aufgaben in für den Betriebswirt operationale Kriterien..."[117] erfolgen.

4.2.2.2. Tatsächlicher, subjektiv gemeinter Sinn hinsichtlich der Wettbewerbsfunktion

Aufbauend auf der Unterstellung einer zufriedenstellenden Inhaltsbestimmung des institutionell festgelegten Sinns, ergibt sich die Frage,

---
[112] Vgl. ebd.: S. 38.
[113] Zum Problem der Transformation von Zielsetzungen vgl. *Thiemeyer*, Theo: Gemeinwirtschaftlichkeit als Ordnungsprinzip, S. 206 sowie *Witte*, Eberhard u. M. v. J. *Hauschildt*: S. 112.
[114] Vgl. *Weisser*, Gerhard: Die Unternehmensmorphologie — nur Randgebiet, S. 40.
[115] Vgl. *Thiemeyer*, Theo: Wirtschaftslehre öffentlicher Betriebe, S. 29.
[116] Vgl. *Witte*, Eberhard u. M. v. J. *Hauschildt*: S. 86.
[117] *Thiemeyer*, Theo: Wirtschaftslehre öffentlicher Betriebe, S. 29.

"ob und inwieweit die im Unternehmen Tätigen dieser Zielkonzeption gerecht werden"[118]. Ob gemeinwirtschaftliche Unternehmen im Sinne ihrer Träger fungieren, „... hängt nicht zuletzt von der Einstellung ab, die die im Unternehmen Tätigen zu ihrem Unternehmen und seinen Zielen haben"[119], denn eine monolithische Willensdurchsetzung bedingt noch keine Gleichheit in der individuellen Motivationsstruktur, zumal es sich hier bei den gemeinwirtschaftlichen Einzelwirtschaften um soziale Organisationen handelt. (Betriebssoziologische Probleme sind zwar in unternehmensmorphologische Betrachtungen einzubeziehen; deren Erörterung würde aber den Rahmen dieser Arbeit sprengen.)

Abweichungen vom institutionellen Sinn der öffentlichen Unternehmung können sich durch unterschiedliche Interpretationen der Zielkonzeption durch die in den Unternehmen Tätigen, bei Ausübung der Funktionen des Gebildes, einstellen. Mit Thiemeyer ist einzustimmen, wenn er in diesem Falle von einer Entartung spricht[120]. Unterschiedlichkeiten zwischen Zielkonzeption und tatsächlicher Verhaltensweise können sich aber auch dann einstellen, wenn der durch Satzung etc. institutionalisierte Sinn der Unternehmung mittlerweile auch für die Träger gegenstandslos geworden ist, weil z.B. die Ziele der Gründungszeit längst hinfällig geworden sind.

Motivatoren wie das Prestige- und Machtstreben und das Streben nach hohem Einkommen, als von der heutigen Sozialwissenschaft häufig angeführte Antriebskräfte des Managements (auch gemeinwirtschaftlicher Unternehmen), stehen zu dem vielleicht unsinnigerweise als altmodisch gescholtenen „Dienstgedanken" in konträrer Beziehung. Ritschl betont, daß der instrumentale Charakter öffentlicher Unternehmen hinsichtlich der Wirtschaftspolitik nur dann wirksam werden könne, wenn das öffentliche Interesse ungebrochen gewahrt wird und keine gruppenspezifischen Interessen Durchsetzung finden können. Hierin liegt eine gewisse Art von Attraktivität, „weil er (der Dienstgedanke; Anm. d. Verf.) die rationale Welt der Wirtschaft mit altruistischem Denken und Handeln verbindet, während sonst dem Wirtschaftenden Eigennutz vorgeworfen wird"[121]. Die Leitung sei solchen Männern zu übertragen, „die, von hoher Staatsgesinnung und dem Geiste sozialer Verantwortung getragen, dem Ganzen zu dienen bereit sind"[122]. Inwieweit nun die gemeinwirtschaftliche Wirksamkeit öffentlicher Unter-

---

[118] *Thiemeyer*, Theo: Gemeinwirtschaftlichkeit als Ordnungsprinzip, S. 248.
[119] *Ders.*: Zur Theorie der Gemeinwirtschaft in der Wirtschaftswissenschaft, S. 139.
[120] *Ders.*: Gemeinwirtschaftlichkeit als Ordnungsprinzip, S. 250.
[121] *Röper*, Burkhardt: S. 113.
[122] *Ritschl*, Hans: „Unternehmungen, öffentliche", S. 515.

nehmen von dem Dienstgedanken abhängt, hängt zusammen mit der inneren Bereitschaft zu selbstloser Leistung zum Zwecke der Erfüllung öffentlicher Aufgaben[123]. Das Fortfallen der wirtschaftspolitischen öffentlichen Aufgaben, z. B. durch die Herstellung eines funktionierenden Ordnungsautomaten „im Sinne des Preismechanismus bei wettbewerblicher Marktwirtschaft..."[124], würde die Verwendung eines einzelwirtschaftlichen Instrumentariums verzichtbar machen, was zur Folge hätte, daß an Stelle der Freiheit und Initiative ein irgendwie gearteter Dirigismus Einzug halten würde. Um dies zu vermeiden ist nach Weissers Ansicht eine Haltung im Sinne des Dienstgedankens unbedingt erforderlich[125]. „Sie (die Haltungen; Anm. d. Verf.) werden benötigt für den Dienst in einzelwirtschaftlichen Gebilden, die in einer institutionell festgelegten Weise dazu bestimmt werden, unmittelbar und nicht nur mittelbar den jeweils vorliegenden öffentlichen Aufgaben zu dienen[126]."

4.3. Wettbewerbsergänzungsfunktion — Die Notwendigkeit des Anbieters öffentlicher Güter

Durch die sogenannte „dualistische Konzeption" der öffentlichen Wirtschaft, in der öffentliche Unternehmen als sinnvolle Ergänzung des privatwirtschaftlich-marktwirtschaftlichen Bereichs angesehen werden, ergibt sich die Aufgabe, die Rolle der öffentlichen Unternehmen in der Gesellschaftswirtschaft zu interpretieren[127]. Einigkeit besteht heute in der Literatur darüber, daß die dualistische Gemeinwirtschaftskonzeption den Anschein von Schwarz-Weiß-Malerei in sich trägt. Es ist von einer pluralistischen Konzeption auszugehen, denn „... neben den zahlreichen ‚öffentlichen Händen' gibt es eine Vielzahl von Verbänden und Institutionen, deren Wirtschaftstätigkeit nicht ausschließlich am erwerbswirtschaftlichen Prinzip orientiert ist"[128].

Bei der Betrachtung aller in einer Marktwirtschaft angebotenen Güter und Dienstleistungen ist festzustellen, daß gewisse Bereiche nur von öffentlichen Institutionen vertreten sind, wie z. B. das Gesund-

---

[123] Vgl. *Weisser*, Gerhard: Gemeinnützigkeit und Paritätspostulat, S. 360.
[124] Ebd.: S. 360.
[125] Vgl. ebd.: S. 360.
[126] Ebd.: S. 360.
[127] *Thiemeyer*, Theo: Wirtschaftslehre öffentlicher Betriebe, S. 115; dieses System entspricht dem Gedankengut Schäffles, der von dem dualen Charakter eines Wirtschaftssystems ausging. Dabei wertet man die öffentlichen Unternehmen nicht als Hemmnis eines privatwirtschaftlich-erwerbswirtschaftlichen Systems, mehr denn als Voraussetzung, Korrektur und Ergänzung des o. a. Systems. Vgl. hierzu *Schürholt*, Heinz: S. 7 f.
[128] *Schürholt*, Heinz: S. 11 f.; vgl. *v. Loesch*, Achim: Neue Ansätze zu einer Theorie der Gemeinwirtschaft, in: Wirtschaftsdienst, 52. Jg., 1972, S. 147.

heitswesen, das Bildungs- und Verkehrswesen sowie Teile der Versorgungswirtschaft. Die Ergänzungsfunktion wirkt sich nun dahin gehend aus, daß „... öffentliche Unternehmen nur dann und insoweit tätig werden sollen, als privatwirtschaftliches Wirtschaften die Zwecke nach politisch vorherrschender Auffassung nicht ebensogut verwirklichen können"[129]. Von Loesch drückt sich bei der Bedeutung der Ergänzungsfunktion exakter aus, denn gemeinwirtschaftliche Unternehmen sollen das herstellen, „... was die privaten Unternehmen nicht produzieren können, wollen oder was sie nach Meinung der Mehrheit nicht produzieren sollen"[130]. In der Abwesenheit der Effektivität privatwirtschaftlicher Anbieter drückt sich das Subsidiaritätsprinzip öffentlich gelenkter, wirtschaftlicher Tätigkeit aus. Dadurch, daß öffentliche Betriebe tätig werden sollen, treten sie ihre Rolle als Lückenbüßer an[131]. Die öffentlichen Unternehmen treten dann als Lückenbüßer in die Sektoren der Wirtschaft ein, „die nicht oder nicht hinreichend durch die von privatem Erwerbsstreben abgeleitete Aktivität befriedigt werden können"[132]. Wesentlich in diesem Zusammenhang ist auch Art. 2 GG, denn nur wenn die Art des öffentlichen Zweckes das Unternehmen legitimiert (der öffentliche Zweck muß dabei nicht besser und wirtschaftlicher durch private Unternehmen erfüllt werden können), ist eine unternehmerische Eigenbestätigung des Staates auf Kosten der Wettbewerbsfreiheit seiner Bürger erforderlich[133]. Kurzum, sie erbringen eine „additive Leistung"[134] zu den anderen, in erwerbswirtschaftlicher Art erbrachten Leistungen, die nicht erbracht werden sollen, können oder dürfen.

Oftmals findet an diesem Punkt der Diskussion der Gedanke Eingang, daß sich die Ergänzungsfunktion auch auf die Bekämpfung wirtschaftlicher Mißbräuche erstrecke. Die Mißbräuche, die in der Unverhältnismäßigkeit von Machtpositionen beruhen, sollen weiter unter dem Aspekt der gegengewichtigen Marktmacht dargestellt werden. Die in der Literatur aufgeführten Mißstände besitzen in aller Regel histo-

---

[129] *Thiemeyer*, Theo: Wirtschaftslehre öffentlicher Betriebe, S. 15.

[130] *v. Loesch*, Achim: Die wirtschafts- und gesellschaftspolitischen Funktionen gemeinwirtschaftlicher Unternehmen, S. 144.

[131] Vgl. *Thiemeyer*, Theo: Die Theorie der gemeinwirtschaftlichen Betriebe in ihrer Entwicklung und ihrer heutigen Gestalt, S. 749.

[132] *Dieck*, Margret: Sind die gemeinwirtschaftlichen Unternehmen in die Konzeption der Wirtschafts- und Gesellschaftspolitik der Bundesrepublik Deutschland integriert? Ein Nachtrag, in: Annalen der Gemeinwirtschaft, 39. Jg., 1970, Heft 4, S. 397; vgl. hierzu besonders: *Schürholt*, Heinz: S. 7, 9 f.

[133] Vgl. *Ogurreck*, Peter: Staat kein Ersatz für Unternehmen, in: Öffentliche Wirtschaft und Gemeinwirtschaft, 29. Jg., 1980, S. 60.

[134] Der Begriff der „additiven Leistung" stammt von Wallraff. Vgl. *Wallraff*, Herman-Josef: S. 5.

4.3. Wettbewerbsergänzungsfunktion

rischen Charakter und sind, da auf anderer Grundlage basierend, auf heutige Verhältnisse nur schwerlich übertragbar (gedacht sei an die Entstehung der Sparkassen, der Witwen- und Waisenkassen sowie der auf gewerkschaftlicher Ebene tätigen Volksfürsorge im Bereich der Klein- und Lebensversicherungen)[135].

Hierzu bemerkt Hax, daß in der heutigen Zeit eine Erhaltung der geschichtlich gewordenen gemeinwirtschaftlichen Unternehmen auch noch dann sinnvoll ist, wenn die Errichtungsvoraussetzungen heute nicht mehr erfüllt seien[136]. Die Frage, ob die Wettbewerbsergänzungsfunktion in der heutigen Zeit noch von Wichtigkeit ist, weil durch staatliche Gesetzgebungsakte ein eleganteres und schneller wirksames Mittel zur Beseitigung von Mißständen gegeben ist, kann pauschal nicht beantwortet werden. Mißstände können nach wie vor auftreten; sie treten aber in der Regel nur branchenweise auf. Falls sich auf einem Markt ein zu behebender Mißstand zeigen sollte, könnten gemeinwirtschaftliche Unternehmen, im Rahmen ihrer finanziellen Möglichkeiten, in „öffentlichem Interesse" tätig werden. Von Loesch sieht hierin einen Vorzug gemeinwirtschaftlicher Unternehmen, obwohl er nicht verkennt, daß dadurch die Gesetzgebung die wesentlichsten Einflüsse in den Wirtschaftsablauf denkbar sind, aber durch gemeinwirtschaftliche Unternehmen lassen sich marktkonforme, dem Wirtschaftsleben angepaßtere Möglichkeiten zur Bekämpfung von Mißständen einbringen[137]. Abgeleitet aus der gemeinwirtschaftlichen Zielsetzung haben gemeinwirtschaftliche Unternehmen die Aufgabe, wettbewerbsfördernd und marktregulierend im Sinne des Verbraucherinteresses Einfluß, über den bloßen Preiswettbewerb hinaus, zu nehmen, und zwar in der Form, daß Mißstände bekämpft, bessere Waren und Dienstleistungen angeboten werden, für mehr Markttransparenz gesorgt werden soll. Dies soll gerade die öffentliche Unternehmung von der privatwirtschaftlich-erwerbswirtschaftlichen Unternehmung unterscheiden[138].

Das ergänzende Eingreifen der gemeinwirtschaftlichen Anbieter ist auf die Frage zurückführbar, „ob in einem marktwirtschaftlichen System eine bestimmte Aufgabe eher privat oder eher öffentlich erfüllt

---

[135] v. Loesch sieht hier noch zudem den Problembereich einer fachaufsichtlichen Kontrolle, denn die Fachaufsicht (Beratungs- und Verwaltungsgremien) übernimmt häufig die gemeinwirtschaftliche Komponente wahr, „was oft wirksamer sein kann als gemeinwirtschaftliches Agieren auf dem Markt". *v. Loesch*, Achim: Die gemeinwirtschaftlichen Unternehmen der deutschen Gewerkschaften, Köln 1979, S. 367.
[136] Vgl. *Hax*, Karl: S. 46.
[137] *v. Loesch*, Achim: Die wirtschafts- und gesellschaftspolitischen Funktionen gemeinwirtschaftlicher Unternehmen, S. 146.
[138] Vgl. *v. Loesch*, Achim: Die gemeinwirtschaftlichen Unternehmen der deutschen Gewerkschaften, S. 355.

werden kann oder erfüllt werden sollte"[139], denn als ein wichtiger Grund für die wirtschaftliche Staatstätigkeit wird angeführt, daß es einerseits zwar eine Reihe von Gütern gibt, die einen wenigstens kostendeckenden Preis erzielen können und dann von der Privatwirtschaft angeboten werden; andererseits gibt es aber eine Anzahl von Gütern, die nur einen Preis erzielen, der unter der Kostendeckung liegt. Eine Antwort auf die Problematik wurde durch die „Theorie der öffentlichen Güter", die von Musgrave wesentlich beeinflußt und entwickelt wurde[140], zu geben versucht. Dieser Theorie liegt die Kernfrage zugrunde, „ob in einer Marktwirtschaft eine Aufgabe erfüllt bzw. eine oder mehrere Güterarten eher privat oder eher öffentlich angeboten werden sollen..."[141]. Der Staat wird bei einem mit Schwächen durchwirkten Marktgeschehen im Hinblick auf gesellschaftspolitische Ziele eingreifen müssen, wenn a) das Gleichheitsziel (Einkommensverteilung, Vermögen, bestimmte Versorgungsleistungen u. a.) nicht realisiert werden kann, b) die Markttransparenz nicht herstellbar ist, c) die Konsumentensouveränität versagt und d) Monopole gebildet werden[142]. Sobald derartige Verstöße gegen gesellschaftspolitische Ziele vorliegen, sind Anpassungen an das zu bestimmende Optimum erforderlich, und es sind jene Situationen zu finden und zu analysieren, „in denen der Markt keine optimalen Ergebnisse hervorbringt, oder in denen politische Ziele und privater Bedarf nicht übereinstimmen"[143].

Die Ergänzungsfunktion der Gemeinwirtschaft zur Privatwirtschaft ist weiterhin zurückführbar auf Unvollkommenheiten des Marktes, die z. B. durch eine technische Sonderstellung zu einem Monopolzustand führen können. Falls das verfolgte wettbewerbspolitische Leitbild solche Sonderstellungen nicht zuläßt, kann dieser (nichtgewünschte) Marktzustand entweder mit finanzpolitischen Maßnahmen (z. B. höhere Besteuerung) oder wettbewerbspolitischen Mitteln (z. B. durch administrative Einflußnahme) bekämpft werden.

Ein weiterer Grund für die wirtschaftliche Tätigkeit hoheitlicher Organe kann in den sogenannten „externen Effekten" begründet sein, die immer dann vorliegen, „wenn einer Kosten (Nutzen) verursacht, andere sie aber zu tragen haben (die anderen zugute kommen)"[144]. Als

---

[139] *Beyer*, Hans-Joachim: Gemeinwirtschaft und Marktwirtschaft. Die Funktionen eines gemeinwirtschaftlichen Sektors im Rahmen eines marktwirtschaftlichen Systems, Diss., Marburg/Lahn, 1973, S. 66.
[140] Vgl. *Musgrave*, Richard A.: Finanztheorie, Tübingen 1966, S. 3 ff.
[141] *Beyer*, Hans-Joachim: S. 66.
[142] Vgl. *Frank*, Jürgen / *Roloff*, Otto / *Widmaier*, Hans Peter: Entscheidungen über öffentliche Güter, in: Jahrbuch für Sozialwissenschaft, Hrsg.: Harald Jürgensen u. a., 1973, Bd. 24, Heft 1, Göttingen, S. 2 f.
[143] *Beyer*, Hans-Joachim: S. 67.
[144] Ebd.: S. 68.

4.3. Wettbewerbsergänzungsfunktion

externe Effekte werden diejenigen individuellen Wohlfahrtswirkungen benannt, „die sich nicht in Marktvorgängen äußern..."[145]. Engels führt als Beispiel den Bau einer Flugschneise an, der dazu führt, daß die Fluggesellschaften „externen Nutzen", die Anlieger jedoch „externe Kosten" tragen (müssen), zumal dann, wenn den Grundstückseigentümern der Schaden nicht ersetzt wird[146]. Bestehen Mißverhältnisse zwischen den (rechnerisch nur schwerlich bestimmbaren) externen Kosten und externen Nutzen, so sind öffentliche Aktivitäten angezeigt.

Als ein weiteres Kriterium für die Staatstätigkeit auf wirtschaftlichem Gebiet, als ein Kriterium für die Frage, ob ein Gut oder eine Dienstleistung privat oder öffentlich anzubieten ist, ist das „Ausschlußprinzip" anzuführen. Es beinhaltet, daß Güter und Dienstleistungen letztlich dem privaten Konsum eines Individuums oder einer abgegrenzten Gruppe dienen[147]. Es werden aber nur von privatwirtschaftlichen Anbietern Güter hergestellt oder Dienstleistungen angeboten, wenn es ihnen über das Entgelt gelingt, gewissen Personen die Konsumtionsmöglichkeit zu übertragen, was gleichzeitig den Ausschluß aller Personen zur Folge hat, die das geforderte Entgelt nicht aufbringen können. Besitzt nun dieses Gut bzw. diese Dienstleistung für alle Personen bzw. für eine bestimmte abzugrenzende Personengruppe einen Vorteilscharakter, so ist dieses Gut bzw. diese Dienstleistung aus dem privatwirtschaftlichen in den öffentlichwirtschaftlichen Bereich zu übertragen; das Ausschlußprinzip ist dann nicht mehr wirksam[148]. Die Güter mit relativ hoher Kollektivkomponente, von Henke auch als nichtmonetäres Güter- und Leistungsangebot bezeichnet, sind zu finden in den Bereichen: „Verkehr, Energie, Ausbildung, Forschung, Gesundheit, Wasserwirtschaft, Wasserbau, Verteidigung, Justiz, Verwaltung und Wohnungsbau"[149], wobei aber nach Möglichkeit eine empfängerspezifische Inanspruchnahme der vom Staat angebotenen Güter und Dienstleistungen stetiger Prüfung unterliegen sollte.

Die Frage des (wesentlichen) Entgeltes (oder des Preises) spielt aber nur bei den abgabegezielten Leistungen eine wichtige Rolle[150]. Hier

---

[145] *Gäfgen*, Gerhard: Einleitung des Herausgebers, in: Grundlagen der Wirtschaftspolitik, Köln—Bonn 1966, S. 16.
[146] Vgl. *Engels*, Wolfram: Soziale Marktwirtschaft, Stuttgart-Degerloch 1972, S. 38.
[147] Vgl. *Beyer*, Hans-Joachim: S. 69.
[148] Vgl. *Henke*, Klaus-Dirk: Öffentliche Ausgaben und Verteilungswirkungen, in: Hamburger Jahrbuch für Wirtschafts- und Gesellschaftspolitik, 20 Jg., Tübingen 1970, S. 187 f.
[149] Ebd.: S. 187 f.
[150] Vgl. *Molitor*, Bruno: Öffentliche Leistungen in verteilungspolitischer Sicht, in: Zeitschrift für Wirtschafts- und Sozialwissenschaften, 93. Jg., 1973 Heft 2, S. 147 ff.

werden Leistungen erbracht, „bei denen der Individualcharakter überwiegt, deren Nutzen im Sinne der formalen Inzidenz als verhältnismäßig eindeutig bestimmbar ist"[151]. Diese abgabengezielten Leistungen unterscheiden sich von den durch eine relativ hohe Kollektivkomponente gekennzeichneten ausschlußlosen Leistungen dadurch, daß das Gesellschaftsmitglied zur Offenlegung seiner Präferenzen gezwungen ist, die Leistungen sind also empfängerspezifisch[152].

Das Abgrenzungskriterium „Ausschlußprinzip" ist also nur bei teilbaren öffentlichen Gütern, nicht aber bei den „social-goods" (nichtteilbare Güter) anwendbar. Es schützt aber nicht vor Fehlentscheidungen, wenn man unter wohlfahrtstheoretischen Gesichtspunkten analysieren will, wann staatswirtschaftliche Betätigung „richtig" ist oder nicht. Ob nun der Staat ergänzend in den Wirtschaftsablauf eingreifen soll, ist in letzter Konsequenz aus dem Ausschlußprinzip nicht zu erkennen; politische Standpunkte werden in die Entscheidung für oder gegen eine staatswirtschaftliche Betätigung eingehen.

Auch aus der Einteilung der Güter in „rival-" (teilbare) und „nonrival-goods" (nicht teilbare Güter), die Frank / Roloff / Widmaier auf Musgrave zurückführen, wird nicht exakt ersichtlich, welche Aufgaben der Staat in welchem Umfang wahrnehmen soll[153]. Vom liberalen Standpunkt Friedmans aus bestehen Zweifel, denn ein paternalistisches Verhalten des Staates bedingt Entscheidungen einiger für viele, obwohl niemand durch eine Formel bestimmen kann, wie weit man in der Frage der Entscheidungsfällung für andere gehen kann[154].

Galbraith erscheint die Zahl der von privaten Anbietern dargebotenen Güter und Dienstleistungen vollkommen ausreichend und fordert daher eine Ausweitung der öffentlichen Aktivitäten[155].

Schmidt sieht die Notwendigkeit des Anbietens öffentlicher Güter bei Marktunvollkommenheit im Rahmen einer Intervention dann als notwendig an, wenn a) Monopolprobleme existieren und externe Effekte auftreten, b) der Markt die Bedürfnisbefriedigung nicht mehr gewährleisten kann und der Staat eingreifen muß und c) bei zwar vorhandener, technischer Marktversorgung, jedoch zur Korrektur der individuellen Konsumwahl (merit wants)[156]. Besonders wird hier die „Kor-

---

[151] *Henke*, Klaus-Dirk: S. 188.
[152] Vgl. ebd.: S. 188.
[153] Vgl. *Frank*, Jürgen / *Roloff*, Otto / *Widmaier*, Hans Peter: S. 4.
[154] Vgl. *Friedman*, Milton: Kapitalismus und Freiheit, Stuttgart 1971, S. 58 f.
[155] Vgl. *Galbraith*, John Kenneth: Gesellschaft im Überfluß, München 1959, S. 267.
[156] Vgl. *Schmidt*, Kurt: Kollektivbedürfnisse und Staatstätigkeit, in: Theorie und Praxis des finanzpolitischen Interventionismus, Fritz Neumark zum 70. Geburtstag, Hrsg.: Heinz Haller, Tübingen 1970, S. 4.

rekturbedürftigkeit der Konsumentenpräferenzen"[157] betont, die auf Nichtinformation der Individuen beruhen kann. Eine Erhöhung des Informationsgrades wäre aber mit der Entstehung von Kosten verknüpft, was lediglich dazu führt, daß ein staatlicher Eingriff legitimiert wird. „Da es jedoch so gut wie keine Möglichkeit gibt, den individuellen Informationsstand daraufhin zu überprüfen, lassen sich daraus auch kaum Hinweise für staatliches Handeln (Tun oder Unterlassen) herleiten"[158].

Zusammenfassend ist zu bemerken, daß öffentliche Unternehmen, wenn auch mit Einschränkungen und ohne genaue Bestimmung des Ausmaßes und der Erwünschtheit, eine Wettbewerbsergänzungsfunktion zur Privatwirtschaftssphäre wahrzunehmen in der Lage sein können. Durch die Theorie der öffentlichen Güter wird zwar keine absolute, so jedoch eine relative Begründung für eine staatswirtschaftliche Tätigkeit ermöglicht[159].

4.4. Anpassungsfunktion der öffentlichen Unternehmen an die Optimalbedingungen des wohlfahrtsökonomischen Modells

Bei der Anpassungsfunktion der öffentlichen Unternehmen an die Optimalbedingungen des wohlfahrtsökonomischen Modells steht die Frage nach der sozialen Wohlfahrt, als ein Problem der Amalgamation der individuellen Präferenzen zu einem sozialen Wohlfahrtsmaximum, im Vordergrund[160]. Der Ausgangspunkt dieser Funktion, die in der rationalistischen Gemeinwohlkonzeption Rittigs ihren Niederschlag fand, erscheint als radikal demokratisch[161], denn die individuellen, faktischen Präferenzen des Individuums werden in ihm an oberster Stelle berücksichtigt, und zwar unter der Vorentscheidung, „daß der einzelne bester Richter in eigener Sache ist"[162]. Jeglichen Bevormundungen des mündigen Bürgers, also paternalistisches Verhalten, müssen bei dieser Funktion großes Mißtrauen entgegengebracht werden.

---

[157] Vgl. *Beyer*, Hans-Joachim: S. 75.
[158] *Schmidt*, Kurt: S. 16.
[159] Vgl. *Beyer*, Hans-Joachim: S. 79; vgl. *v. Loesch*, Achim: Die wirtschafts- und gesellschaftspolitischen Funktionen gemeinwirtschaftlicher Unternehmen, S. 144.
[160] Vgl. *Thiemeyer*, Theo: Wirtschaftslehre öffentlicher Betriebe, S. 54.
[161] Vgl. *ders.*: Marktwirtschaft und Gemeinwirtschaft. Versuch einer dogmengeschichtlichen Ortsbestimmung von Hans Pitschls Theorie der Gemeinwirtschaft, in: Gemeinwirtschaft im Wandel der Gesellschaft, Festschrift für Hans Ritschl zum 75. Geburtstag, Hrsg.: Gisbert Rittig und Heinz-Dietrich Ortlieb, Berlin 1972, S. 37.
[162] *Ders.*: Wirtschaftslehre öffentlicher Betriebe, S. 54.

Ist in einem System die maximale Bedürfnisbefriedigung nicht nur oberstes, sondern einziges Ziel — bei vorhergehender Lösung der Nachfragemachtverteilung — so ist „... eine möglichst eindeutige, vorwiegend von der Nachfrageseite her dirigierte, Größenbeziehung zwischen Konsumgüterpreisen und Produktionsmittelpreisen..."[163] herzustellen „... und diesen ganzen Zusammenhang dem Rationalprinzip..."[164] zu unterwerfen, denn so Rittig, „... etwas formal Rationaleres hinsichtlich des Zweckes Bedürfnisbefriedigung kann es more geometrico nicht geben"[165].

Die Problematik der Maximumsinterpretation bezüglich der Bedürfnisbefriedigung stellt sich in diesem hypothetischen Modell nicht, da nach Rittig keine Makel an Maximumsinterpretationen gefunden worden sind[166]. Die Vorzüge des Systems sind 1. die optimale Bedürfnisbefriedigung bei gegebener Einkommensverteilung, 2. die maximale Bedürfnisbefriedigung bei zusätzlicher Regulierung der Einkommenskomponente und 3. in seinem Gleichgewichtscharakter und in der Gewährleistung der vollen Ausnutzung der Produktionsfaktoren zu finden[167].

Dieses hypothetische, den Marktformen überzuordnende Modell wird häufig mit dem System der freien Konkurrenz verwechselt. Die freie Konkurrenz wird in fataler Hoffnung als Idealzustand angesehen, wobei ja gerade der freien Konkurrenz die Tendenz zur selbständigen Herstellung von Gleichgewichten innewohnt. Durch die Prämissenkritik wurde bereits erkannt, daß die Voraussetzungen in der Realität kaum auffindbar sein werden; es ändert aber nichts an der Stellung eines hypothetischen Maximalmodells, denn hält „... man daran unerschütterlich fest, weil es eben logisch kein ‚maximaleres' geben kann, so kann die *ganze Diskussion über Wirtschaftssysteme und Wirtschaftsverfassungen nur eine Diskussion über die verschiedenen Wege zu diesem Maximalsystem hin sein*"[168].

Besonders die Bedingung der Gleichheit von Grenzkosten und Preis, als eine Bedingung des wohlfahrtsökonomischen Modells, kann zur Kritik des Ansatzes von Rittig herangezogen werden, denn der „... Grenzkostenpreis ist das zentrale Koordinationsinstrument, mit des-

---

[163] *Rittig,* Gisbert: Theoretische Grundlagen der Sozialisierung, in: Untersuchungen zur sozialen Gestaltung der Wirtschaftsordnung, Schriften des Vereins für Socialpolitik, Bd. 2 N. F., Hrsg.: Walter Weddigen, Berlin 1950, S. 159.
[164] Ebd.: S. 159.
[165] Ebd.: S. 160.
[166] Vgl. ebd.: S. 160.
[167] Vgl. ebd.: S. 160.
[168] *Rittig,* Gisbert: Theoretische Grundlagen der Sozialisierung, S. 162.

sen Hilfe bei gegebenen Produktionsmitteln unter Modellbedingungen das Maximum an gesamtwirtschaftlicher Wohlfahrt erzielt wird[169]. Problematisch erscheint der Anspruch dieses Modells jedoch, wenn der Abstraktionsgrad verringert wird, denn dies bedeutet eine Anpassung an die Realität mit ihren vielgestaltigen wirtschaftlichen und sozialen Bedingungen. Fruchtbar kann die Anwendung der Grenzkostenpreisregel, bei Verzicht auf den Anspruch der Erreichung eines wohlfahrtsökonomischen Maximums, in bezug auf die gemeinwirtschaftliche Preisbildung sein. „Das privatwirtschaftlich-erwerbswirtschaftliche Gewinnmaximierungsmotiv (Grenzkosten — Grenzerlös) wird ersetzt durch das Motiv der optimalen Ausnutzung vorhandener Kapazitäten in Hinsicht auf die Deckung, die optimal sein soll, des vorhandenen Bedarfs. Insofern ist das Grenzkostenpreisprinzip ein bedarfswirtschaftliches Preisprinzip"[170], zumal sich die Anwendung des Grenzkostenprinzips dort empfiehlt, wo Unternehmen sogenannten „öffentlichen Interessen" dienen und „... Bedarfswirtschaft als im öffentlichen Interesse erwünscht erscheinen kann"[171].

Des weiteren ist die Frage der faktischen Interessen zu prüfen, denn die in dem System den Individuen implizierten Präferenzen (Interessen) könnten in irgendeiner Art und Weise von außen beeinflußt oder manipuliert werden. Die allzu idealistische Konzeption Rittigs muß an der Möglichkeit scheitern, daß die Interessen nicht empirisch überprüfbar sind. Bei der Möglichkeit, daß der einzelne Bürger bester Richter in eigener Sache sein soll, „... handelt es sich um einen ‚naturalistischen' Trugschluß von dem, was ist, auf das, was sein soll"[172].

4.5. Wettbewerbsfunktion im Sinne eines funktionsfähigen Wettbewerbs

Bei der Untersuchung der Rolle öffentlicher Unternehmen im Wettbewerb kann es nicht ausreichen, lediglich nur die Preiskonkurrenz zu betrachten, obwohl zwischen Wettbewerbspolitik und Preistheorie ein enger Zusammenhang, und zwar dadurch, „daß sie ähnliche Ausschnitte aus der Wirklichkeit zum Gegenstande haben"[173].

---

[169] *Thiemeyer*, Theo: Grenzkostenpreise bei öffentlichen Unternehmungen, Köln und Opladen 1964, S. 221.
[170] *Thiemeyer*, Theo: Grenzkostenpreise bei öffentlichen Unternehmungen, S. 222.
[171] Ebd.: S. 222.
[172] Vgl. *ders.*: Marktwirtschaft und Gemeinwirtschaft, S. 38.
[173] *Mestmäcker*, Ernst-Joachim: Probleme des Bestmöglichen in der Wettbewerbspolitik, in: Probleme der normativen Ökonomik und der wirtschaftspolitischen Beratung, Schriften des Vereins für Socialpolitik, Bd. 29 N. F., Hrsg.: Erwin v. Beckerath, Herbert Giersch i. V. m. Heinz Lampert, Berlin 1963, S. 305.

Da sich jedoch der Wettbewerb nicht nur auf der Preisebene etabliert hat, sollen ebenfalls die anderen Ebenen des Wettbewerbs Berücksichtigung finden. Diese Ebenen können a) der Substitutionswettbewerb, b) der Qualitätswettbewerb und c) derPräferenzwettbewerb sein.

Dieser funktionsfähige Wettbewerb, der auch als dynamisch bezeichnet wird, geht von auf einem Markte bestehenden Unvollkommenheitsfaktoren aus, von denen einige erwünscht, andere als unerwünscht angesehen werden. Nach Woll bewirken gerade diese Unvollkommenheiten das, was die Bezeichnung Wettbewerb erst verdient[174].

Die von Beyer eingebrachte Abgrenzung des Wettbewerbs in die Extrempunkte des Monopols auf der einen und der sogenannten Behinderungskonkurrenz auf der anderen Seite[175] ist zur Erklärung wettbewerblicher Vorgänge wenig geeignet, da sie im Gegensatz zur dynamischen Wettbewerbsauffassung einen statischen Charakter besitzt.

Der funktionsfähige Wettbewerb, der durch die Schumpeterschen Überlegungen zum wirtschaftlichen Fortschritt stark beeinflußt wurde, unterscheidet generell zwischen dem „Wettbewerb der Bahnbrecher" und dem „Wettbewerb der Nachahmer", wobei jeweils ein „Pionierunternehmer" durch Neuentwicklungen temporäre, monopolähnliche Marktstellungen erlangt, die zu wirtschaftlichem Fortschritt Bedingung sind, denn die Nachahmer werden versuchen, die Stellung des bahnbrechenden Pionierunternehmers zu brechen[176]. Es findet folglich eine wechselseitige Ergänzung von Bahnbrechern und Nachahmern statt. Durch diesen Prozeß können die Neuerungen zum Allgemeinbesitz werden. Sie sorgen dafür, daß die möglichen Neuerungen auch tatsächlich angewendet werden und über Preissenkungen, Qualitätsverbesserungen, Kosteneinsparungen usw. an die Allgemeinheit weitergegeben werden[177]."

Es ist nun zu fragen, inwieweit öffentliche Unternehmen als Bahnbrecher bzw. Nachahmer tätig werden oder welche Voraussetzungen

---

[174] Vgl. *Woll*, Arthur: Das Konzept der „Workable Competition", in: WISU, 1. Jg., 1972, Heft 1, S. 17 ff.

[175] Vgl. *Beyer*, Hans-Joachim: S. 82.

[176] Vgl. *Hesselbach*, Walter: Die gemeinwirtschaftlichen Unternehmen, S. 177.

[177] *Ders.*: Die gemeinwirtschaftlichen Unternehmen, S. 178, in Anlehnung an *Arndt*, Helmut: Schöpferischer Wettbewerb und klassenlose Gesellschaft, Berlin 1952, S. 45. Nicht geteilt werden kann die Ansicht, daß lediglich die alleinige Anwesenheit gemeinwirtschaftlicher Unternehmen auf wichtigen Märkten (was ist denn schon wann wichtig?) zu einer Zähmung „entarteter" Wettbewerbsverhaltensweisen ausreicht und daraus noch Regulierungs- und Pionierleistungen resultieren sollen. Vgl. hierzu *Hesselbach*, Walter: Mittler zwischen Privaten und dem Staat, S. 12.

4.5. Funktionsfähiger Wettbewerb

erforderlich sind, um öffentliche Unternehmen als wirksame Mittel derart einsetzen zu können.

Die Zielkomplexe der Wettbewerbspolitik, die ökonomische Vorteilhaftigkeit (gute Marktergebnisse) und die Erhaltung von Freiheitsbereichen (wie z. B. der freie Marktzugang, Freiheit der Wahlentscheidung, Verhinderung von Diskriminierungen u. s. f.), dienen letztlich dazu, übergeordnete staatspolitische Ziele verfolgen zu helfen, die u. a. in Wohlstand und Sicherheit für die Bevölkerung begründet sind. Hesselbach sieht als Voraussetzung zur Erfüllung dieser übergeordneten Zielsetzungen hohe Wachstumsraten als unabdingbar an[178]. Um nun diese Wachstumsraten erzielen zu können, ist zum einen den öffentlichen Unternehmen die Bahnbrecherrolle zuzuschreiben. Dies trifft aber immer nur sektoral ein, da sich ja öffentliche Anbieter mit privatwirtschaftlichen Betriebswirtschaften in Wettbewerb befinden müssen; als Beispiel sei hier an den Markt für Kleinkredite gedacht, der durch die Sparkassenorganisationen begründet und ausgebaut wurde. Die instrumentale Nützlichkeit öffentlicher Unternehmen wird hier besonders augenfällig, da die von ihnen erzielten Vorsprünge nicht zur Akkumulation von Gewinnen und (somit) von Macht dienen sollen; die durch technischen Vorsprung bedingten Monopolrenten fließen nicht eigen-, sondern gemeinnützigen Zwecken zu[179]. Des weiteren sollen Monopolrenten im Zeitablauf abgebaut werden (z. B. durch Angebotsvergrößerung) und eine den öffentlichen Unternehmen auferlegte Publizitätspflicht, z. B. hinsichtlich technischer Verfahren, soll die bahnbrechende Rolle öffentlicher Unternehmen so weit abbauen, daß sich Nachahmer auf dem Markte einfinden (können). Im Sinne einer agilen Marktpolitik kann sich z. B. der Staat als Unternehmer, an Stelle von Planung, Anordnungen oder Subventionen, betätigen „... und die Gesetze des marktlichen Wettbewerbs für sich arbeiten lassen mit dem Ergebnis, daß alle Konkurrenten sich seiner Politik anschließen müssen"[180].

Neben der Rolle eines Bahnbrechers ist mitunter öffentlichen Unternehmen auch die Rolle des Nachahmers zu eigen, und zwar dann, wenn sich die durch die Idee des öffentlichen Interesses verpflichteten Unternehmen durch Übernahme von Technologien privatwirtschaftlicher Bahnbrecher derart betätigen, daß der Zielgruppe der öffentlichen Unternehmen irgendwelche Vorteile zukommen. Der Wettbewerb der Nachahmer ist z. B. in der Wohnungswirtschaft zu finden, die vorgefertigte Teile im Wohnungsbau, im Rahmen einer produktiven (und

---

[178] Vgl. *Hesselbach*, Walter: Die gemeinwirtschaftlichen Unternehmen, S. 179.

[179] Vgl. ebd.: S. 179.

[180] *Backhaus*, Jürgen: Eine politisch-ökonomische Theorie der öffentlichen Unternehmung, S. 12.

auch kostengünstigen) Nachahmung, einführte, um auf diese Art den Wettbewerb in der Wohnungswirtschaft zu intensivieren bzw. zu fördern.

Ob nun gemeinwirtschaftliche Anbieter eine der beiden Rollen (Bahnbrecher oder Nachahmer) wahrzunehmen in der Lage sind, hängt sicherlich von der Bedingung eines „genügenden" Marktanteils und von der Bereitschaft zur branchenüblichen Expansion ab.

Die Übernahme der Bahnbrecher- bzw. Nachahmerrolle durch gemeinwirtschaftliche Unternehmen ist besonders hinsichtlich des gesellschaftspolitischen Wettbewerbsziels im Rahmen des von der Regierung verfolgten wettbewerbspolitischen Leitbildes (funktionsfähige Konkurrenz) zu betrachten. Vom Sachverständigenrat zur Begutachtung der gesamtwirtschaftlichen Entwicklung wurde die Ansicht vertreten, daß die Wahlfreiheit, die mitunter zu Lasten der Erreichung anderer Ziele gehen kann, zu interpretieren ist[181]. Es stellt sich an diesem Punkte die Frage, wo die Toleranzgrenze für öffentliche Unternehmen zu ziehen ist, denn der Freiheitsbereich des einen findet im Freiheitsbereich des anderen seine Grenze. Befinden sich öffentliche Unternehmen im Konkurrenzkampf mit privatwirtschaftlichen Anbietern, so liegt die Vermutung nahe, daß die öffentlichen Anbieter das Ziel der (wirtschaftlichen) Freiheit anstreben, sich also gezwungenermaßen, aufgrund der Marktverhältnisse, die Freiheit zum Vorstoß in technisches sowie ökonomisches Neuland, die Freiheit zur Schaffung neuer Güter, Verfahren und Märkte ausbedingen. Hierin findet der dynamische Charakter des funktionsfähigen Wettbewerbs seinen Ausdruck.

Das gesellschaftspolitische Ziel ist jedoch nicht isoliert, als alleinige Zielsetzung, zu sehen. Vielmehr wird es erforderlich sein, daß aus dem Tätigwerden öffentlicher Unternehmen auch gute ökonomische Marktergebnisse resultieren, denn Wettbewerb wird als ein nützliches Instrument (und nicht nur als Ziel) zur Erreichung gewünschter ökonomischer Marktergebnisse angesehen.

4.6. Öffentliche Unternehmen als Machtfaktor im Sinne einer gegengewichtigen Marktmacht

Das von Galbraith maßgeblich entwickelte Prinzip der gegengewichtigen Marktmacht[182], nach dem marktbeherrschende Stellungen nicht aufzulösen sind, sondern ihnen ein gleichgewichtiger Machtblock entgegenzustellen ist, gilt es auf öffentliche Unternehmen umzulegen.

---

[181] Vgl. Jahresgutachten 1971 des Sachverständigenrates zur Begutachtung der gesamtwirtschaftlichen Entwicklung, Bundesratsdrucks. 662/71, Zif. 378 ff.

[182] Vgl. *Galbraith*, John Kenneth: Der amerikanische Kapitalismus im Gleichgewicht der Wirtschaftskräfte, Stuttgart 1956.

4.6. Gegengewichtige Marktmacht

In der gemeinwirtschaftlichen Literatur wird häufig an die gemeinwirtschaftlichen Unternehmen die Forderung gestellt, bei privatwirtschaftlicher Machtbildung entsprechende „Gegengewichte" einzusetzen. Ziel soll die Verhinderung der Ausnutzung von Marktmacht bzw. die Verhütung privater Marktbeherrschung sein. Dieck führt das Godesberger Programm der SPD als Beispiel für den Einsatz öffentlicher Unternehmen als Regulativ der Wettbewerbswirtschaft an, denn "...Wettbewerb durch öffentliche Unternehmen ist ein entscheidendes Mittel zur Verhütung privater Marktbeherrschung"[183]. Ähnlich argumentiert Hesselbach, der eine makroökonomische Aufgabe der gemeinwirtschaftlichen Unternehmen darin sieht, daß sich diese dem Wettbewerb stellen und sich aus diesem Verständnis heraus als Instrumente gegengewichtiger Marktmacht sehen[184]. Neben der staatlich regulierten Interventionspolitik besteht folglich eine Notwendigkeit des Tätigwerdens öffentlicher und gemeinwirtschaftlicher Unternehmen als Korrekturfaktoren[185]. Marth spricht in diesem Zusammenhang (aus gewerkschaftlicher Sicht) von der Mobilisierungsfunktion des Wettbewerbs auch durch öffentliche und gemeinwirtschaftliche Unternehmen, um die mißbräuchliche Machtausübung zu unterbinden[186]. Dort also, wo die Kräfte des Marktes in nicht mehr hinreichender und wirtschaftspolitisch erwünschter Manier wirksam werden können, die Funktionsfähigkeit der Marktkräfte paralysiert ist, sollen gemeinwirtschaftliche Unternehmen ihren Beitrag in wettbewerbspolitischer Hinsicht leisten[187].

Die Funktion öffentlicher Unternehmen als wirksames Regulativ wird selten explizit mit dem Konzept der gegengewichtigen Marktmacht in Zusammenhang gebracht, obwohl implizit häufig ein sinnanaloger Zusammenhang zu finden ist. So führt Thiemeyer die Marktintervention eines deutschen Mineralölunternehmens einerseits als Regulativ zur Marktgegenseite an, das einen vollwertigen Verhandlungspartner für die Ölförderländer darstellen soll[188]. „Andererseits geht es aber auch um ein Korrektiv gegenüber den Unternehmen der *gleichen* Marktseite[189], denn die Regierung wollte ein Unternehmen besitzen, das den anderen europäischen Partnern auch attraktiv erscheint[190]. Die

---

[183] Grundsatzprogramm der SPD v. 1959 (Godesberger Programm), zitiert in: *Dieck*, Margret: S. 399.
[184] Vgl. *Hesselbach*, Walter: Mittler zwischen Privaten und dem Staat, S. 11.
[185] Vgl. o. V.: Gemeinwirtschaft: Ja zur Marktwirtschaft, S. 95.
[186] Vgl. *Marth*, Karlheinz: Stabilität durch Begrenzung wirtschaftlicher Macht, in: Gewerkschaftliche Monatshefte, 27. Jg., 1976, S. 593.
[187] Vgl. *Schürholt*, Heinz: S. 24.
[188] Vgl. *Thiemeyer*, Theo: Wirtschaftslehre öffentlicher Betriebe, S. 100.
[189] Ebd.: S. 100.

marktregulierende Rolle gemeinwirtschaftlicher Unternehmen sieht Thiemeyer an anderer Stelle als Gegenmacht, „... als wirtschafts-ordnungspolitisches und letztlich (als) verfassungspolitisches Instrument"[191], die in den letzten Jahrzehnten mehr Postulat als Realität war. Hesselbach schwärmt förmlich von der Kraft gemeinwirtschaftlicher Unternehmen, wenn er behauptet, daß sie dafür Sorge tragen, daß der Wettbewerb nicht erlahmt und Wirtschaftsmacht in Schach gehalten wird, „einmal errungene Machtpositionen wieder abzubauen und bestehende Verkrustungen in den Marktstrukturen aufzubrechen"[192] sind.

Hingewiesen sei darauf, daß gemäß der Definition des Wettbewerbsbegriffes von sich gegenüberliegenden Marktseiten die Rede sein soll. Engelmanns Anwendung der öffentlichen Unternehmen als Korrektiv auf nur einer Marktseite stimmt zwar mit dem Prinzip der gegengewichtigen Marktmacht überein und ist deshalb auch in die hier verwendete Wettbewerbsdefinition als Erweiterung aufzunehmen.

Schwierigkeiten können sich bei der Installierung öffentlicher Unternehmen als marktmächtige Anbieter bzw. Nachfrager aus ordnungspolitischer Sicht ergeben, „... da es dem System einer freiheitlich orientierten Wirtschaft widerspricht"[193]. Auch ist das Schaffen von Gegengewichten nur unter besonderen Anstrengungen denkbar, denn es müssen die Aktivitäten der auf verschiedenen gebietskörperschaftlichen Ebenen tätigen und organisierten Unternehmen koordiniert bzw. zusammengeschlossen werden. Zur weiteren Erschwerung der Installierung von Gegengewichten kommt hinzu, daß das Prinzip der gegengewichtigen Marktmacht nur sektoral, wenn es nicht zum allgemeingültigen Prinzip erklärt wird, eingesetzt werden kann. Schuster sieht hier die Schwachpunkte des Prinzips: Sollte es schon durchführbar sein, so müßten die Märkte nach noch nicht bekannten Kriterien bestimmt werden, auf denen dieses Prinzip anwendbar ist[194].

Auch bestünde die Gefahr (bei Bildung von Gegengewichten auf einer Marktseite), daß sich antagonistische Positionen in als wettbewerbspolitisch negativ zu bezeichnende Kooperationstendenzen ändern könn-

---

[190] Vgl. *Engelmann*, Ulrich: Der deutsche Energiekonzern VEBA und Gelsenberg, in: Öffentliche Wirtschaft und Gemeinwirtschaft, 24. Jg., 1975, S. 69 f. Entnommen aus: *Thiemeyer*, Theo: Wirtschaftslehre öffentlicher Betriebe, S. 100.

[191] *Thiemeyer*, Theo: Zur Theorie der Gemeinwirtschaft in der Wirtschaftswissenschaft, S. 138.

[192] *Hesselbach*, Walter: Mittler zwischen Privaten und dem Staat, S. 12.

[193] *Schuster*, Helmut: S. 60.

[194] *Ders.*: S. 60.

4.6. Gegengewichtige Marktmacht

ten, die, falls überhaupt meßbar, schlechter als die Ausgangsposition wären[195].

Die Frage des Machtmißbrauches, die privatwirtschaftlichen Wirtschaftssubjekten oftmals zugesprochen wird[196], ist durch staatliche Akkumulation des Eigentums an Produktionsmitteln[197] nicht aus der Welt geschafft, sondern nur verlagert worden. Das Machtproblem wäre auf diese Art nicht lösbar. Besonders Hamm sieht für die Bundesrepublik Gefahren, denn neben der politischen Machtfülle konzentriert sich auf den Bund „... auch wirtschaftliche Macht in einem Ausmaß wie sonst bei keinem anderen Eigentümer"[198]. Die wirtschaftliche Betätigung des Staates darf nicht Selbstzweck sein, da dann die latente Gefahr einer Wettbewerbsverzerrung besteht, die sich mit einer auf Privatautonomie und privatem Eigentum aufgebauten Wirtschaftsordnung (wie die der Bundesrepublik Deutschland) nicht vertragen kann[199].

Miksch, in einer Betrachtung über die Verstaatlichung der Produktionsmittel, sieht zur Behebung von Schäden auf Märkten die Gefahr, daß der gewählte Weg zur Behebung der Schäden die Gefahr in sich birgt, weit größere Schäden hervorrufen[200], vor allen Dingen unter der Voraussetzung, daß der Staat (durch seine Institutionen) Machtmittel einsetzen kann, nicht aber unbedingt muß.

Bedrohlich kann die Bildung von Gegengewichten im Hinblick auf das Postulat der Wettbewerbsfreiheit werden, da das öffentliche Produktionsmitteleigentum derart umfangreich ist und „... eine latente Gefahr für eine wettbewerbspolitische Ordnung"[201] darstellt.

Auch könnte sich der Staat im Rahmen der Gegenmachtsbildung der Bedingung entledigen, daß die ihm gehörenden Unternehmen alle Mög-

---

[195] Vgl. ebd.: S. 61.
[196] Vgl. *Hamm*, Walter: Kollektiveigentum, S. 78.
[197] Vgl. *Lamby*, Werner: Nicht zu vergessen sind die Beteiligungen der Bundesrepublik an privaten und öffentlichen Unternehmen; s. a. *Ogurreck*, Peter: S. 59: „Die Entwicklung des Staatswesens... zum Leistungsstaat hat einen Wandel und eine Vermehrung der öffentlichen Aufgaben mit sich gebracht, bei deren Erfüllung die öffentliche Hand sich öffentlich-rechtlicher und privater Gestaltungsformen bedient hat, insbesondere auch in Form von Beteiligungen an privatrechtlichen Unternehmen."
[198] *Hamm*, Walter: Kollektiveigentum, S. 79.
[199] Vgl. *Ogurreck*, Peter: S. 59.
[200] Vgl. *Miksch*, Leonhard: Verstaatlichung der Produktionsmittel in der Morphologie der Wirtschaftsordnungen, in: Untersuchungen zur sozialen Gestaltung der Wirtschaftsordnung, Schriften des Vereins für Socialpolitik Bd. 2, N. F., Hrsg.: Walter Weddigen, Berlin 1950, S. 141.
[201] *Hamm*, Walter: Kollektiveigentum, S. 80.

lichkeiten zur Selbsthilfe, als Voraussetzung für die Bildung von Gegengewichten, ausgeschöpft haben, zumal nicht nur wirtschaftliche, sondern auch politische Machteinflüsse wirksam werden können, um die verfolgte wettbewerbspolitische Zielsetzung in die Realität umzusetzen[202].

---

[202] Konträr hierzu: *Andreae*, C.-A.: Das Prinzip der gegengewichtigen Marktmacht als Ansatzpunkt für die Wettbewerbspolitik, Schriften des Vereins für Socialpolitik Bd. 48, N. F., Hrsg.: H. K. Schneider, Berlin 1968, S. 84.

5. Zur wettbewerbspolitischen Wirkung öffentlicher Unternehmen

Ob ein öffentliches Unternehmen die ihm zugewiesene Instrumentalität hinsichtlich der Wettbewerbspolitik wirksam wird behaupten können oder als ungeeignet erscheint, ist zu trennen von dem Problem der rein betrieblichen Erfolgskontrolle. Diese könnte darauf abzielen, die Rationalität der betrieblichen Leistungserstellung darzustellen. Die hierzu verwendbaren Kennziffern unterscheiden sich nicht von denen der privatwirtschaftlichen Unternehmen, wie z. B. der innerbetriebliche (Zeit)Vergleich und der zwischenbetriebliche Vergleich. Ein erfolgreiches Lösen innerbetrieblicher und betriebscharakteristischer Aufgaben (Erfüllung der Leistungskonzeption) besagt jedoch nicht ohne weiteres, „... daß sich das Unternehmen zur Lösung einer bestimmten öffentlichen Aufgabe als geeignet oder als einziges Instrument als geeignet erwiesen hat"[1]. Auch besagt es nicht, daß die volkswirtschaftlich erstrebten Wirkungen „... der an öffentlichen Aufgaben im Sinne der Instrumentalfunktion orientierten Betriebspolitik auf das betriebliche Umfeld..."[2] Auswirkungen zeitigen.

Geht man z. B. von der weiter oben angeführten Rolle des „Hechtes im Karpfenteich" aus, so ergeben sich Schwierigkeiten bei der Findung eines Erfolgsindikators. Die Bestimmung eines Monopolgrades oder der Preiselastizität ist zwar zur theoretischen Klärung wettbewerblicher Probleme geeignet, kennzeichnet aber keineswegs z. B. die Wirkung einer preispolitischen Intervention[3]. Ebenso ist die Wirksamkeit öffentlicher Unternehmen, die aufgrund bloßen Vorhandenseins auf privatwirtschaftlich strukturierten Märkten, bei einem sich von den anderen Anbietern abhebenden Marktverhalten, beruhen soll, kaum meßbar. Die Meßbarkeit betrieblicher Leistungen birgt in bezug auf eine makroökonomische Erfolgskomponente zu viele Risiken; dies selbst dann, „wenn die Einzelwirtschaften als Instrument gesehen werden, bleibt eine Differenz zwischen den gesamtwirtschaftlichen Zielen... und den einzelwirtschaftlichen Zielen"[4]. Es sei dahingestellt, ob für ein solches

---

[1] *Thiemeyer*: Theo: Debatte über die Erfolgswürdigung bei gemeinwirtschaftlichen Unternehmen, S. 256.

[2] *Ders.*: Die Theorie der gemeinwirtschaftlichen Betriebe in ihrer Entwicklung und ihrer Gestalt, S. 747.

[3] *Thiemeyer*, Theo: Gemeinwirtschaftlichkeit als Ordnungsprinzip, S. 282 f.

Vorhandensein öffentlicher Unternehmen überhaupt quantifizierbare, also operationale Maßstäbe auffindbar sind, um ein sich änderndes oder geändertes Marktverhalten bei privatwirtschaftlichen Anbietern aufspüren zu können.

5.1. Ein- und Mehrfaktorentheorien zur Ermittlung des Erfolges des Mittels „öffentliches Unternehmen"

Unabhängig von der dieser Arbeit zugrunde liegenden Fragestellung ist davon auszugehen, daß zur Erreichung wirtschafts- bzw. wettbewerbspolitischer Ziele in aller Regel mehrere Faktoren (Instrumente) Anwendung finden müssen. „Man kann sogar von dem Grundsatz ausgehen, daß die Verwirklichung eines wirtschaftspolitischen Zieles um so leichter fällt, je vielfältiger und vielgestaltiger die Mittel sind, die zur Verwirklichung des Zieles zusammenwirken[5]."

Bezogen auf wettbewerbspolitische Ziele und Mittel (zu deren Erreichung) bedeutet dies eine problemadäquate Auswahl der Mittel bezogen auf das jeweils erwünschte wettbewerbspolitische Ziel unter Berücksichtigung des wettbewerbspolitischen Leitbildes. Bei einer gelungenen Annäherung an das Leitbild ergibt sich weiterhin das Problem der Zurechnung des Erfolges zu dem jeweilig eingesetzten Mittel. Auch ist eine Erfolgszurechnung (mitunter auch Mißerfolgszurechnung) für das Mittel „öffentliches Unternehmen" anzustellen. Sollten auf Märkten mehrere öffentliche Unternehmen eingesetzt werden, ergibt sich die Schwierigkeit der Zurechnung des Beitrages zum Erfolg bzw. Mißerfolg spezifisch für das einzelne, mit Mittelcharakter eingesetzte Unternehmen. Aus diesen Zurechnungsschwierigkeiten ergibt sich ein theoretisch kaum lösbares Problem[6].

Neben der Erfolgszurechnung ist die Wirkung des eingesetzten Mittels im Verhältnis zu den anderen Mitteln zu sehen. Sogenannte Einfaktorentheorien, die also nur ein eingesetztes Mittel (Thiemeyer spricht hier von Instrumenten)[7] unter ceteris-paribus-Bedingung, also unter Ausschluß der Wirkung anderer Faktoren, untersuchen, sind sicherlich zu einer rein gedanklichen Auseinandersetzung mit der Thematik eines volkswirtschaftlichen Instrumentaleinsatzes, nicht aber für praxisrelevante Analysen, geeignet.

---

[4] *Schulz*, Werner: Gemeinwirtschaft als unternehmerische Zielsetzung, S. 743.

[5] *Thiemeyer*, Theo: Gemeinwirtschaftlichkeit als Ordnungsprinzip, S. 290; ders.: Debatte über die Erfolgswürdigung bei gemeinwirtschaftlichen Unternehmen, S. 256.

[6] Vgl. *Thiemeyer*, Theo: Debatte über die Erfolgswürdigung bei gemeinwirtschaftlichen Unternehmen, S. 257.

[7] Vgl. *ders.*: Gemeinwirtschaftlichkeit als Ordnungsprinzip, S. 292.

5.1. Erfolgsermittlung

Flohr führt hierzu die von der wirtschaftspolitischen Praxis verwendeten Mehrfaktorentheorien an[8], „... die demgemäß entsprechend vielgestaltig und vielfältig sind"[9], denn es ist davon auszugehen, daß wirtschaftspolitische Handlungen unter der Annahme der Gültigkeit von Mehrfaktorentheorien beruhen[10]. Es besteht bloß dann das Problem des Auseinanderrechnens des einzelnen Instrumentenbeitrages zum Gesamterfolg in dem Zusammenspiel mit den anderen eingesetzten Instrumenten. „Exakte Aussagen" sind hier nach Thiemeyer nicht möglich[11], jedoch ist die Entwicklung fruchtbarer Theorien darüber denkbar, „... welche Faktoren (Instrumente, wirtschaftspolitische Maßnahmen) zusammenwirken müssen, um ein bestimmtes Ziel zu erreichen"[12], Exakte Aussagen über die Wirkungsweisen von Instrumenten (oder wirtschaftspolitischen Maßnahmen) müßten aufgrund eines Index oder einer bestimmten Zahl von Indices gemessen werden können. Diese Vorstellung wird aber von Thiemeyer als illusionär bezeichnet; der Begriff der gemeinwirtschaftlichen Erfolgsmessung sollte im Sinne Weissers durch den Begriff der Erfolgswürdigung ersetzt werden[13].

5.2. Versuch von Wirkungsanalysen des Mittels „öffentliches Unternehmen"

Eine Möglichkeit zur Ermittlung des Instrumentalerfolges des/der öffentlichen Unternehmen(s) besteht darin, eine sogenannte Ex-postfacto-Versuchsanordnung[14] in die wirtschaftspolitische Realität zu transformieren. Es wären zwei Situationen gegenüberzustellen, wobei in der ersten Situation eine oder mehrere unabhängige Variable(n) aufgetreten sind, während in einer späteren, zweiten Situatiton die abhängige Variable, das öffentliche Unternehmen, hinzutritt. Zwischen diesen beiden Situationen ist ex post eine Beziehung kausaler Art herzuleiten, um, wenn auch nur mit beschränkter Aussagekraft, festzustellen, ob, wann und mit welcher Intensität sich die zweite von der ersten Situation abhebt. Die generelle Kritik an einer solchen Anordnung entzündet sich an den mangelhaften Kontrollmöglichkeiten[15]. Außerdem be-

---

[8] Vgl. *Flohr*, Heiner: Probleme der Ermittlung gemeinwirtschaftlicher Erfolge, Göttingen 1964, S. 12 ff.

[9] *Thiemeyer*, Theo: Gemeinwirtschaftlichkeit als Ordnungsprinzip, S. 292.

[10] Ebd.: S. 292.

[11] Vgl. *Thiemeyer*, Theo: Von „Messen" keine Rede, in: Wirtschaftswoche, 27. Jg., 1973, Nr. 23, S. 35.

[12] *Thiemeyer*, Theo: Gemeinwirtschaftlichkeit als Ordnungsprinzip, S. 292.

[13] Vgl. *ders.:* Von „Messen" keine Rede, S. 40.

[14] Zur Problematik faktorieller Anordnungen siehe: *Zimmermann*, Ekkart: Das Experiment in den Sozialwissenschaften, Stuttgart 1972, S. 186 ff.

[15] Vgl. *Zimmermann*, Ekkart: S. 188.

steht, so Thiemeyer, die Gefahr, daß in der wirtschaftspolitischen Realität durch den zusätzlichen Einsatz eines Instrumentes besonders die Instrumente effizient den Erfolg beeinflussen können, die bis zum Einsatz des mit interventionistischem Charakter versehenen öffentlichen Unternehmens (im Sinne eines Instruments) nicht wirksam waren[16]. Zurechnungsschwierigkeiten wären wiederum die Folge, ganz abgesehen davon, daß experimentelle Anordnungen zwar zu erkenntnistheoretischem, nicht aber zu allgemeingültigem, abgesichertem Wissen beitragen.

Aus diesen kurzen Ausführungen wird, wenn auch nur in knapper Form, ersichtlich, daß eine exakte Feststellung des Erfolges öffentlicher Unternehmen als Mittel (nicht nur als wettbewerbspolitisches Mittel) nicht oder nur schwerlich möglich ist. An die Stelle exakter Aussagen treten begründete Vermutungen über die Wirkung öffentlicher Unternehmen, die im weiteren Verlauf der Arbeit erörtert werden sollen.

5.2.1. Einbeziehung des zeitlichen Horizonts

Ein instrumentaler Einsatz öffentlicher Unternehmen ist in jedem Falle im Zeitablauf zu sehen, da die unterstellte wettbewerbspolitische Funktion als gewünschter Erfolg in die Zukunft hineinwirken kann. Eine zeitliche Zurechnung des wettbewerbspolitischen Interventionserfolges zum Gesamterfolg aller getroffenen Maßnahmen zur Realisierung des verfolgten wettbewerbspolitischen Leitbildes ist lediglich aufgrund von begründeten Vermutungen anzustellen. Es ist davon auszugehen, daß ein solcher Mitteleinsatz in der Zukunft Wirkungsketten auslösen kann, die zum Zeitpunkt des Mitteleinsatzes nicht voraussehbar sind[17]. Im Hinblick auf die nationalökonomische Modellanalyse (der Graff'sche Horizont besagt, daß eine zeitliche Festlegung der Zeiträume, in denen die Wohlfahrt maximiert werden soll, zu bestimmen ist, da sonst keine Vorhersage möglich sei[18]) kann hier mit Schmölders gesprochen werden, der bezüglich der gesamtwirtschaftlichen Erfolgsvoraussagen die Gefahr sieht, daß das, was sich als scheinbar kurzfristiger Erfolg darstellt, sich in zukünftigen Phasen als Hemmschuh erweisen kann[19]. Wenn nun schon gesamtwirtschaftliche Erfolgsvoraussagen

---

[16] Vgl. *Thiemeyer*, Theo: Gemeinwirtschaftlichkeit als Ordnungsprinzip, S. 293.

[17] Vgl. *Delius*, Harald: Artikel „Ethik", in: Philosophie Bd. 11 des Fischerlexikons, Frankfurt a. M. 1958, S. 84 in: *Thiemeyer*, Theo: Gemeinwirtschaftlichkeit als Ordnungsprinzip, S. 293.

[18] Vgl. ders.: Gemeinwirtschaftlichkeit als Ordnungsprinzip, S. 293.

[19] Vgl. *Schmölders*, Günter: Erfolgsmaßstäbe neuzeitlicher Wirtschaftspolitik, in: Methoden und Probleme der Wirtschaftspolitik, Gedächtnisschrift für Hans-Jürgen Seraphim, Hrsg.: Hans Ohm, Berlin 1964, S. 88.

schwerlich durchführbar sind, so erhöhen sich die Schwierigkeiten besonders dann, wenn der Erfolg nur eines eingesetzten Instrumentes (des öffentlichen Unternehmens) im vorhinein zu bestimmen wäre, das dann noch dazu gedacht ist, nur in einem Teilbereich der Gesamtwirtschaft zu fungieren.

Des weiteren sind erhebliche Zeitverschiebungen zwischen dem Markteintritt öffentlicher Unternehmen sowie deren durchgeführte Aktivitäten und den dadurch ausgelösten Marktbeeinträchtigungen zu berücksichtigen[20].

5.2.2. Marktform und Wirkungsweise öffentlicher Unternehmen

Die nur durch eine Momentaufnahme feststellbare Marktstruktur in einer marktwirtschaftlichen Ordnung ist als ein Resultat vieler dezentral getroffener Einzelentscheidungen anzusehen[21]. Ergänzt werden diese Entscheidungen durch einen staatlichen Marktstrukturinterventionismus, denn zur Erreichung wirtschaftspolitischer Ziele muß gewährleistet sein, welche eingesetzten Instrumente mit annähernd welcher Wahrscheinlichkeit wirksam werden können, um auf diese Art die einzelwirtschaftlichen Verhaltensweisen im Hinblick auf die Zielerreichung zu verändern. Einerseits besteht nun die Möglichkeit der direkten, zentralen Festlegung der Verhaltensmuster (im Hinblick auf die übergeordneten wirtschaftspolitischen Ziele), was aber mit einer Wettbewerbswirtschaft nicht in Einklang stünde. Andererseits ergibt sich die Möglichkeit der Manipulation der „... verhaltensbestimmenden Faktoren der Wirtschaftssubjekte durch staatliche Aktivität..., ... also insbesondere die Marktstruktur und die einzelwirtschaftlichen Zielsetzungen. Durch eine bestimmte Marktstruktur in Verbindung mit den Zielsetzungen der Wirtschaftssubjekte erhofft man sich dann die Verhaltensweisen, die die staatlichen Zielsetzungen realisieren helfen"[22]. Sind nun ganz bestimmte Marktergebnisse erwünscht, um dadurch wiederum übergeordnete wirtschaftspolitische Ziele zu erreichen, wird es z. B. erforderlich sein, durch mikrointerventionistische Maßnahmen den „Wettbewerbsgrad"[23] zu reduzieren, was lediglich eine „... Beschränkung der potentiellen Konkurrenz und damit die Zementierung zweier

---

[20] Vgl. *Eichhorn*, Peter: Grundlagen einer gemeinwirtschaftlichen Erfolgsrechnung für Unternehmen, Frankfurt a. M. 1974, S. 33.
[21] Vgl. *Schmidtchen*, Dieter: Für eine konsequente Wirtschaftspolitik und über die Wege dorthin: Bemerkungen zum Wettbewerbsverständnis des Sachverständigenrates, in: Zeitschrift für die gesamte Staatswissenschaft, 129. Bd., 1973, Heft 1, S. 116.
[22] Ebd.: S. 117.
[23] Der Terminus „Wettbewerbsgrad" müßte noch operational definiert werden.

Marktstrukturkomponenten (Anbieterzahl und Produkte) durch staatlichen Eingriff"[24] bedeutet. Die Beschränkungen des Wettbewerbs (z. B. Markteintrittsschranken) sind mitunter in der Lage, die am Leitbild des funktionsfähigen Wettbewerbs orientierte staatliche Wettbewerbspolitik zweifelhaft erscheinen zu lassen, da nach Schmidtchen einer solchen Beschränkungspolitik im Rahmen einer marktwirtschaftlichen Ordnung jegliche Dynamik fehlt, also auch der „dynamische Unternehmertyp" durch Einschränkung von Produktneueinführungen in seiner Freiheit eingeschränkt wird. Der vom Sachverständigenrat unterstellten natürlichen Neigung von Anbietern und Nachfragern zur Beschränkung des Wettbewerbs „... muß institutionell so weit entgegengewirkt werden, wie es den gesamtwirtschaftlichen Zielen dient..."[25].

Der Staat hat also die Möglichkeit, den Wettbewerb so zu beeinflussen, wie es den gesamtwirtschaftlichen Zielen adäquat ist. Er besitzt die Möglichkeit des Setzens von Rahmenbedingungen, die so gesetzt werden müssen, „daß Handlungsabläufe entstehen, die den gesamtwirtschaftlichen Zielen dienen, nicht etwa ... einzelwirtschaftlichen"[26]; die Wirtschaftssubjekte können also durch den Einsatz von wettbewerbspolitischen Mitteln (in Grenzen) fremdbestimmt werden[27].

Ob nun das Mittel „öffentliche Unternehmen" zur Herstellung von Wettbewerb in Abhängigkeit von der jeweiligen Marktform geeignet ist und welche Wirkungen öffentliche Unternehmen (u. a. auch auf andere, privatwirtschaftliche Unternehmen) in den Marktformen des Monopols, des Oligopols sowie des Polypols auf sich vereinigen können, soll im weiteren untersucht werden.

5.2.2.1. Wirkung im Monopol

In den Ausführungen zum Wettbewerbsbegriff wurde die Problematik der Marktformen kurz angesprochen; weitere Erörterungen scheinen daher zur Klärung besonderer Fragestellungen des Monopols nicht mehr erforderlich.

Es ist jedoch die Frage nach der Wirksamkeit eines gemeinwirtschaftlichen Unternehmens zu stellen, wenn es sich als alleiniger Anbieter auf einem Markt betätigt. Besonders das Vorfinden eines nach Beyer leicht zu überschauenden „Einzelmonopols" dürfte Schwierigkeiten be-

---

[24] *Schmidtchen*, Dieter: S. 118.
[25] Jahresgutachten 1971 des Sachverständigenrates zur Begutachtung der gesamtwirtschaftlichen Entwicklung, Ziffer 379.
[26] *Schmidtchen*, Dieter: S. 118.
[27] Vgl. ebd.: S. 119.

5.2. Wirkungsanalysen

reiten[28]; bei Monopolen in ihrer reinsten Form handelt es sich schon gewöhnlicherweise um Staatsmonopole[29]. Es könnte sich bei privatwirtschaftlichen Monopolen die Notwendigkeit der Überführung des Unternehmens in die Trägerschaft der öffentlichen Hand einstellen, und zwar dann, wenn sich die Preispolitik so gestaltet, daß dem Unternehmen eine Monopolrate zufällt. Hiermit soll aber noch nicht gesagt sein, daß öffentliche Unternehmen die Gewähr für eine andere Verhaltensweise (als die des privatwirtschaftlichen Monopolisten) bieten. Hamm ist der Ansicht, daß besonders der Preispolitik öffentlicher Monopole eine große Bedeutung zukommt, weil monopolistische Stellungen öffentlicher Unternehmen in großer Zahl vor allem in der Verkehrs- und Versorgungswirtschaft bestehen[30].

Problematisch ist der oftmals durch Satzung, Vertrag oder Gesetz vorgeschriebene Gewinnverzicht öffentlicher (monopolistischer) Anbieter. Als Folge kann sich ergeben, „daß die Produktionsfaktoren nicht immer dort eingesetzt werden, wo sie den größten Beitrag zum Sozialprodukt leisten könnten[31]. Bei Kostenunterdeckung und daher notwendiger Subventionierung werden mitunter „... Kapitalmittel einer ertragreicheren Verwendung an anderer Stelle der Volkswirtschaft vorenthalten. Außerdem hat die vom Staat verordnete, oft durch Subventionen ermöglichte Festsetzung niedriger Preise zur Folge, daß mit knappen Gütern nicht sorgsam umgegangen und Verschwendung gefördert wird"[32].

Statt eines auf einem Markt gleichen Preises besteht für den öffentlichen Monopolisten die Möglichkeit der Preisdifferenzierung, die nach Hamm aber nur durch die Voraussetzungen einer gegeneinander gut abgesicherten Aufspaltung von Teilmärkten, einer in den diversen Kundengruppen unterschiedlich hohen Nachfrageelastizität sowie geringen Marktspaltungskosten möglich sein wird[33]. Die angestrebte Preisdifferenzierung soll eine Produktionsausdehnung bei gleichzeitiger Stückkostensenkung zur Folge haben. Inwieweit dabei Produktionsfaktoren nicht optimal ausgenutzt werden, kann nur am Beispiel der Großabnehmertarife in der Elektrizitätswirtschaft vermutet werden. Wird die Preisdifferenzierung als Mittel zur Erreichung wirtschaftspolitischer Ziele angesehen, so zeigen sich die Nachteile einer falschen Monopol-

---

[28] Vgl. *Beyer*, Hans-Joachim: S. 88.
[29] Vgl. *Heuss*, Ernst: Grundelemente der Wirtschaftsordnung, Göttingen 1970, S. 50.
[30] Vgl. *Hamm*, Walter: Kollektiveigentum, S. 125.
[31] Ebd.: S. 127.
[32] Ebd.: S. 127.
[33] Vgl. ebd.: S. 128.

politik erst allmählich und nach eingehendem Studium der Zusammenhänge[34].

Die Anwendung eines fiktiven Wettbewerbspreises, der Preisgestaltung nach dem sogenannten Als-ob-Prinzip, besagt, daß die Preise nicht erheblich von dem Stand abweichen dürfen, den sie bei wirksamen (funktionsfähigen) Wettbewerb erreichen würden[35]. Diese Forderung der Als-ob-Preise soll übergeordnete, volkswirtschaftliche Ziele erreichen helfen. Öffentliche Unternehmen sollen auf derartige Weise in ihrer Preisfestsetzung gebunden werden. Die Preise, die in einem Zustand des „Als-ob-wirksamen-Wettbewerbs" gefordert werden können und als preislicher Orientierungsmaßstab gelten, sind auf vergleichbaren Märkten zu ermitteln. Das theoretisch ideale Als-ob-Prinzip erweist sich jedoch besonders in diesem Punkte als wenig praktikabel auf monopolistisch strukturierten Märkten, da Maßstäbe nicht auffindbar sind. Allenfalls sind bei den sogenannten „Kollektivmonopolen" (gemeint sind Kartelle aller Art) Preismaßstäbe auffind- und anwendbar.

Quasi-monopolistische Verhaltensweisen sind neben den Monopolen und Kartellen erkennbar und äußern sich in wettbewerbsbeschränkenden Maßnahmen formeller (z. B. Kontrahierungszwang bei Elektrizitätsgesellschaften) und materieller Art (z. B. höhere Preise als bei funktionierendem Wettbewerb).

Befleißigen sich privatwirtschaftliche Unternehmen oben angeführter Politiken, so könnte man zu dem Schluß gelangen, „daß eine Überführung erwerbswirtschaftlicher Monopole in gemeinwirtschaftliche Unternehmen eine Lösung darstellt, denn eine Umwandlung in öffentliches Eigentum oder öffentlich kontrollierte Unternehmen würde die fehlende Kontrolle durch Abnehmer und Konkurrenten ergänzen"[36]. Den mit administrativer Einflußnahme ausgestatteten Unternehmen ist demnach in gewisser Hinsicht auf monopolistischen Märkten eine ordnende Funktion nicht gänzlich abzusprechen, denn eine preispolitische Unabhängigkeit wie die der privatwirtschaftlichen Monopolisten ist öffentlichen Unternehmen nicht zu eigen, wenngleich öffentliche Monopole nicht die Gewähr für ein rationales Wirtschaften bieten.

---

[34] Vgl. *Miksch*, Leonhard: Wettbewerb als Aufgabe, 2. Aufl., Godesberg 1947, in: *Hamm*, Walter, Kollektiveigentum, S. 131.

[35] Vgl. *Schmidt*, Ingo: Zum Nachweis des Mißbrauchs einer rechtlichen oder faktischen Wettbewerbsbeschränkung, in: Wirtschaft und Wettbewerb, 17. Jg. 1967, Heft 10, S. 635.

[36] *Beyer*, Hans-Joachim: S. 90.

5.2.2.2. Wirkungsweise öffentlicher Unternehmen im Oligopol

Kennzeichnend für die Marktform des Oligopols sind wenige Marktteilnehmer, wobei hinsichtlich der genauen Anzahl der Wettbewerber keine einheitliche Definition zu finden ist. Das Spektrum reicht vom Dyopol bis hin zu den Formen des homogenen bzw. heterogenen Oligopols, das sich auf die Art der angebotenen Güter bezieht. Wichtig zur Kennzeichnung und Abgrenzung des Oligopols zum Monopol und zum Polypol erscheinen die Handlungsinterdependenzen der Beteiligten[37], denn der einzelne Wettbewerber, der sich fast ausschließlich der quantitativen Parameter Preis und Absatzmenge bedient, muß die Reaktionen der Konkurrenten in Rechnung stellen[38]. Diese Reaktionsgeschwindigkeit ist um so größer, „je homogener die Güter und Dienste, je geringer also die persönlichen, zeitlichen, örtlichen und sachlichen Präferenzen in den Augen der Nachfrager sind"[39]. Besonders also bei von den Abnehmern als homogen angesehenen Gütern, wie z. B. Markenbenzin, besteht die Möglichkeit der Preisbeeinflussung durch Unternehmen der öffentlichen Hand, da die Preisänderung als Aktion des einen die Reaktion des anderen hervorruft[40]. Bei dem Vorhandensein von Präferenzen rückt die Wichtigkeit des Preises in den Hintergrund, denn der Oligopolist wird eine Vergrößerung der Präferenzen (durch die qualitativen Parameter wie z. B. Produktdifferenzierung, Werbung und Qualität) anstreben, um von Preissenkungen unabhängiger zu werden.

Geht man von gegebenen Nachfrage- und Kostenstrukturen aus, so sind verschiedene Verhaltensweisen und Reaktionen auf Konkurrenzmaßnahmen der Oligopolisten denkbar, zumal die Anbieter entweder eine eigene Strategie betreiben oder aber als Mengenanpasser handeln. Die „Kampfhahnmentalität"[41] öffentlicher Unternehmen auf einem Markt, die eine Verdrängung der Konkurrenten zum Inhalt hat, soll nicht erörtert werden, weil die Instrumentalfunktion öffentlicher Unternehmen, z. B. als wettbewerbsbelebende Elemente, hier nicht zur Geltung kommen kann, weil öffentliche Unternehmen keinen ruinösen Konkurrenzkampf führen dürfen oder können, um später eine Machtposition durch das Fordern gesteigerter Preise auszunutzen.

Kühne sieht die Chance gemeinwirtschaftlicher Unternehmen auf oligopolistischen Märkten dann als gegeben an, wenn die Preise so weit herunterkonkurriert worden sind und die Verbraucher nicht mehr zu

---
[37] Vgl. ebd.: S. 95.
[38] Vgl. *Hamm*, Walter: Kollektiveigentum, S. 111.
[39] *Hamm*, Walter: Kollektiveigentum, S. 111.
[40] Vgl. ebd.: S. 111.
[41] *Kühne*, Karl: Das gesamtwirtschaftliche Unternehmen als Wettbewerbsfaktor, Frankfurt 1971, S. 29.

einem nicht näher zu bestimmenden, späteren Zeitpunkt gewillt sind, höhere Preise zu zahlen. Öffentliche Unternehmen, die zwischen die „Kampfhähne" getreten sind, könnten die tendenziell niedrigen Preise festigen[42].

Dieser Aspekt beinhaltet leider nicht die Schwierigkeiten des marktinterventionistischen Eingreifens von öffentlichen Unternehmen im Oligopol. Voraussetzung müßte zum einen eine marktmächtige Stellung des öffentlichen Anbieters sein, um zur gegebenen Zeit selbst so viel Einfluß auf die Kampfhähne ausüben zu können, daß diese die Preise niedrig halten. Diese Forderung nach Marktmacht und Marktanteil für das öffentliche Unternehmen zur wesentlichen Beeinflussung der oligopolistischen Wettbewerber wirkt letztlich konzentrationsfördernd[43]. Der „Schuß ginge nach hinten ab", wollte man über diese Möglichkeit wettbewerbspolitischer Einflüsse ausüben, denn die Reaktionen der privatwirtschaftlich-erwerbswirtschaftlichen Anbieter würden wiederum den stärkeren, oligopolistischen und gleichzeitig öffentlichen Anbieter verlangen. Zum anderen wäre erforderlich, daß sich dieses öffentliche Unternehmen aus dem Kampfe heraushält.

Es ist schwerlich davon auszugehen, daß der Wettbewerb nicht nur ausschließlich auf der Ebene des Preises geführt wird, sondern auch auf andere Dimensionen (z. B. Produktdifferenzierung, Werbung, Qualität, Nebenleistungen) ausweichen wird. Dieser Schritt zu einem „unvollkommenen Oligopol" ist im Sinne Kühnes als die Realität anzusehen; das Kampfhahntheorem fiele somit fort[44]. Auch Hamm ist der Ansicht, daß schwache Oligopolisten sich einem Kampf nicht stellen (können) und „... sich dem am stärksten eingeschätzten Oligopolisten unterordnen"[45]. „Insgesamt läßt sich feststellen, daß sich die Oligopolisten bei dem Kampf um eine Vergrößerung ihres Marktanteils weniger der Preise als der Produktdifferenzierung, der Reklame und der Verbesserung der Qualität bedienen[46]." Die nach Kühne wohl wichtigste Aufgabe gemeinwirtschaftlicher Unternehmen im Hinblick auf die Marktstruktur, nämlich das Wirken als „Hecht im Karpfenteich" und die daraus resultierende teilweise Wiederbelebung des Wettbewerbs, „der einzuschlafen droht oder sich jedenfalls auf Bereiche verlagert — vor allem auf die Werbung —, die nicht als volkswirtschaftlich sinnvoll

---

[42] Vgl. *Kühne,* Karl: Das gemeinwirtschaftliche Unternehmen als Wettbewerbsfaktor, S. 32.

[43] Vgl. *Röper,* Burkhardt: S. 131.

[44] Vgl. *Kühne,* Karl: Das gemeinwirtschaftliche Unternehmen als Wettbewerbsfaktor, S. 32.

[45] *Hamm,* Walter: Kollektiveigentum, S. 113.

[46] Vgl. ebd.: S. 113.

5.2. Wirkungsanalysen

angesehen werden können"[47], ist nicht schlüssig, denn eine absolute Garantie gemeinwirtschaftlichen Verhaltens von gemeinwirtschaftlichen Unternehmen ist nirgendwo gegeben (z. B. Konvergenzeifer). So können auch die von Hesselbach angeführten, oftmals alleinig ausreichenden „Störaktionen" öffentlicher Unternehmen mit ihrem als volkswirtschaftlichen Nutzen titulierten Wirken nicht als Indiz herangezogen werden[48]; die tägliche Praxis zeitigt andere Verhaltensweisen und -muster öffentlicher Unternehmen. Betrachtet man z. B. gemeinwirtschaftliche Unternehmen, die eine oligopolistische Stellung auf einem Markte einnehmen, so erkennt man bei genauerem Hinsehen sehr wohl Tendenzen zur Anwendung der von Kühne als volkswirtschaftlich nicht sinnvoll bezeichneten Bereiche (Dimensionen) des Wettbewerbs, so z. B. bei dem freigemeinwirtschaftlichen Unternehmen NEUE HEIMAT, die wie andere Branchenunternehmen ebenso werbeintensiv arbeiten.

Jedoch zurück zur preispolitischen Intervention des Staates durch gemeinwirtschaftliche Unternehmen. Je nach den Marktverhältnissen sind unterschiedliche Reaktionen der privatwirtschaftlich organisierten Wettbewerber denkbar.

Bei voller Kapazitätsauslastung aller Oligopolisten ergibt sich, bei gleichzeitiger Senkung des Preises durch den öffentlichen Anbieter, daß die Konkurrentenpreise konstant bleiben, denn Nachfragerückgänge sind nicht zu befürchten. Hamm sieht die Gefahr, daß genau der umgekehrte Fall eintritt: „Befriedigt nämlich das öffentliche Unternehmen — etwa aus sozialen Erwägungen — die Nachfrage jener Kunden, die erst aufgrund der Preissenkung kaufkräftige Nachfrage entfalten können, so müssen die alten Kunden des öffentlichen Unternehmens ihren Bedarf ganz oder zum Teil bei den übrigen Oligopolisten decken, die, wenn sie Rationalisierungsmaßnahmen oder Verlängerungen der Lieferfristen vermeiden wollen, ihre Preise heraufsetzen müssen[49]." Sind die Kapazitäten der privatwirtschaftlichen Oligopolisten nicht voll ausgelastet, so können sie dem öffentlichen Anbieter durch abgestimmte Verhaltensweisen (Parallelverhalten) preiskonstant entgegentreten.

Des weiteren hätte eine Preissenkung des öffentlichen Oligopolisten bei überall gleichmäßig schlecht ausgenutzten Kapazitäten eine höhere Gesamtnachfrage zur Folge, „daß die Gesamtnachfrage von allen Anbietern zusammen mit der vorhandenen Kapazität nicht befriedigt werden könnte, so brauchen die Konkurrenten des öffentlichen Unter-

---

[47] *Kühne*, Karl: Das gemeinwirtschaftliche Unternehmen als Wettbewerbsfaktor, S. 29.
[48] Vgl. *Hesselbach*, Walter: Mittler zwischen Privaten und dem Staat, S. 111.
[49] *Hamm*, Walter: Kollektiveigentum, S. 115.

nehmens der Preissenkung nicht voll zu folgen"[50]. Um den Marktanteil zu halten, dürfte von keiner Seite ein Kapazitätsausbau erfolgen; in diesem Zustand könnten die Preise privatwirtschaftlicher Anbieter über denen des ausgelasteten öffentlichen Anbieters liegen. Es ist hier Hamm zuzustimmen, wenn er die Investitionsbereitschaft der privatwirtschaftlichen Anbieter nach einem staatlichen Preiseingriff (durch das öffentliche Unternehmen) bezweifelt[51].

Die Wirksamkeit der Preisbeeinflussung durch öffentliche Unternehmen besteht nur dann, wenn bei überall nicht ausgelasteten Kapazitäten die privatwirtschaftlichen Anbieter gezwungen sind, sich der Preissenkung des öffentlichen Unternehmens anzuschließen. Zur Behauptung des eigenen Marktanteils ist die Preissenkung von den privatwirtschaftlichen Anbietern zu übernehmen[52].

Die Interventionen des Staates durch die ihm gehörenden oder von ihm beherrschten Unternehmen lassen auf der anderen Seite Gefahren zu Tage treten, wenn die Preise im Oligopol unterboten werden: „Die Konzentrationstendenz kann gefördert, die volkswirtschaftliche Funktion von Knappheitspreisen verletzt und eine Fehlleistung von Produktivkräften veranlaßt werden[53]."

5.2.2.3. Wirkungsweise öffentlicher Unternehmen im Polypol

Zur Beschreibung des Polypols soll hier die aus der morphologischen Marktformenlehre entstammende Kennzeichnung genügen, nämlich daß, resultierend aus der großen Zahl der Anbieter, keine einzelnen Anbieter Einfluß auf das Marktgeschehen haben.

Die reine, vollkommene Form des Polypols soll nicht angesprochen werden, denn aufgrund der realiter nicht gegebenen Prämissen ist lediglich eine rein theoretische Betrachtung möglich. Unvollkommenheitsfaktoren sind die Realität, und daher soll die wettbewerbspolitische Wirksamkeit öffentlicher Unternehmen bei herrschender „monopolistischer Konkurrenz", als die Form des Wettbewerbs behandelt werden, die auch als realistisch anzunehmen ist.

Die Wirkungsweise gemeinwirtschaftlicher Anbieter unter monopolistischer Konkurrenz läßt auf den ersten Blick keine Möglichkeiten zur Beeinflussung des Marktgeschehens besitzen. Da jedoch Unvollkommenheitsfaktoren des Marktes, z. B. in Form von sachlichen, räumli-

---

[50] Ebd.: S. 115.
[51] Vgl. *Hamm*, Walter: Kollektiveigentum, S. 115.
[52] Vgl. ebd.: S. 116.
[53] Ebd.: S. 117.

5.2. Wirkungsanalysen

chen und persönlichen Präferenzen, gegeben sind, könnten öffentliche Unternehmen die quasi-monopolistische Stellung einzelner Polypolisten untergraben. Hier tritt besonders die weiter oben angesprochene Anpassungsfunktion der öffentlichen Unternehmen zu Tage, die das Ideal der vollkommenen Konkurrenz zum Vorbild hat.

Vor allem hat sich Karl Kühne mit dieser Funktion öffentlicher Unternehmen beschäftigt. Die Möglichkeit der Preissenkung durch den öffentlichen Anbieter („... nicht den Schnittpunkt von Grenzkosten- und Grenzerlöskurve, sondern mindestens den von Grenzkosten- und Durchschnittserlöskurve..."[54]), von Kühne als denkbar dahingestellt[55], erweist sich bei näherer Betrachtung als undurchführbar, da sich Verluste ansammeln werden, die mitunter nicht durch erhöhten Absatz aufgesogen werden können. Es stellt sich dann die Frage nach der Finanzierung dieser verlustbringenden Unternehmen. Selbst wenn man Kühnes Postulat folgen würde, daß durch vielleicht erhöhte Ausbringung die Gesamtkostenkurve eine Abwärtsrichtung zeigen würde[56], so ist doch die Finanzierung dieser erforderlichen Kapazitätserweiterung noch lange nicht gewährleistet. Röper führt hierzu an, daß auf Dauer sich hierfür keine Finanziers finden ließen[57].

Auch ist eine prozeßanalytische statt einer statischen Betrachtungsweise nicht zur Klärung der polypolistischen Situation öffentlicher Unternehmen geeignet. Zwar wird öffentlichen Unternehmen unterstellt, daß sie bei einer Preissenkung und bei gleichzeitiger Angebotserhöhung durch Ausdehnung ihrer Organisationsform zur Marktstabilisierung beitragen können, wobei die Einflußdurchsetzung und die damit verbundenen Schwierigkeiten „gesehen" werden[58]. Die Frage ist aber nun, ob die öffentlichen Anbieter den gesunkenen Preis bei erhöhter Ausbringungsmenge als ideal und somit als zu festigen ansehen, oder ob aus betriebseigenen Interessen ein Preisverfall zu bekämpfen ist, um die eigenen Verluste nicht weiter wachsen zu lassen, was wiederum letztlich nur aus dem Zielbündel des öffentlichen Unternehmens zu ersehen ist.

Eine allgemeingültige Antwort auf die Frage ist wohl nicht zu erlangen; sie hängt davon ab, wie Gemeinnützigkeit definiert und ausgelegt wird. Einerseits könnte ein öffentliches Interesse an der Preissenkung

---

54 *Kühne*, Karl: Das gemeinwirtschaftliche Unternehmen als Wettbewerbsfaktor, S. 30.
55 Vgl. ebd.: S. 30.
56 Vgl. ebd.: S. 30.
57 Vgl. *Röper*, Burkhardt: S. 129.
58 Vgl. *Kühne*, Karl: Das gemeinwirtschaftliche Unternehmen als Wettbewerbsfaktor, S. 30.

bestehen, um z. B. einkommensschwachen Personen auch eine solche Leistung bzw. ein solches Produkt zukommen zu lassen. Andererseits wären öffentliche Interessen sicherlich auch dann zu Felde zu führen, wenn man den Preisvorteil unterbinden möchte, um eine Sozialisierung der Verluste zu vermeiden, die letztlich indirekt die privaten Abnehmer treffen würde.

Besonders wird an dieser Stelle der Unterschied zwischen der einerseits wirtschaftlichen und andererseits politischen Leistungsfähigkeit öffentlicher Anbieter deutlich. Die wirtschaftliche Leistungsfähigkeit öffentlicher Unternehmen wäre auf der Ebene des Wirtschaftszweiges angesiedelt; die politische Leistungsfähigkeit könnte sich auf die „... Gesamtheit der öffentlichen Wirtschaft eines Landes..."[59] beziehen.

Die Einflußnahme öffentlicher polypolistischer Anbieter im Falle einer gezielten Angebotsverknappung mit verbundener Preiserhöhung, die von Kühne unter Berufung auf Helmut Arndt[60] als „pervertierte Reaktion" bezeichnet wird, muß ebenfalls wieder an dem zu geringen Marktanteil scheitern. Kühnes Schluß[61], daß bei einem „Mindestgewicht" der öffentlichen Unternehmung auf einem Markt die Möglichkeit einer Einflußnahme dann besteht, wenn sich das öffentliche Unternehmen gegen diese Tendenz wendet, um so zu dem gewünschten Gleichgewichtszustand zu gelangen, erweist sich nur als Vermutung. Ein marktliches „Mindestgewicht" wäre zum einen zu bestimmen; der Oligopolbereich läge dann dieser Bestimmung sicherlich sehr nahe.

Das reine Vorhandensein öffentlicher Unternehmen auf polypolistisch strukturierten Märkten und die von Kühne unterstellte (wettbewerbspolitische) Wirksamkeit[62] ist wohl zu optimistisch beurteilt, obwohl Kühne die Größe der Anbieter anzuführen vergißt. Auch wird der polypolistische, öffentliche Anbieter wissen, daß er auf einem derartig strukturierten Markt keine oder lediglich eine nur unwesentliche Möglichkeit zur Marktbeeinflussung besitzt.

Ebenfalls verfällt v. Loesch dem Glauben an das allgemein wettbewerbsheilsame Mittel „öffentliches Unternehmen"[63]. Seine Ansicht, daß öffentliche Unternehmen selbst mit kleinem Marktanteil eine ver-

---

[59] Stefani, Giorgio: Debatte über die Erfolgswürdigung, Diskussionsbeitrag, in: Annalen der Gemeinwirtschaft, 34. Jg., 1965, Doppelheft 2/3, S. 316.

[60] Vgl. Arndt, Helmut: Mikroökonomische Theorie, Bd. II, „Marktprozesse", Tübingen 1966, S. 4 ff.

[61] Vgl. Kühne, Karl: Das gemeinwirtschaftliche Unternehmen als Wettbewerbsfaktor, S. 30.

[62] Vgl. ebd.: S. 31.

[63] Vgl. v. Loesch, Achim: Die gemeinwirtschaftlichen Unternehmen der deutschen Gewerkschaften, S. 355.

braucherorientierte Wettbewerbsintensivierung erreichen, wodurch die öffentlichen Unternehmen ihre Konkurrenten zu einem besonderen, verbraucherfreundlichen Verhalten zwingen, widerspricht der oben geäußerten Auffassung einer möglichst hohen Renditeerwartung zur ex-post-orientierten Durchsetzung und Realisierung gemeinwirtschaftlicher Zielkomplexe.

Des weiteren ist zu fragen, ob bei einer derartigen Marktform der Wille zu noch mehr Wettbewerb vorhanden ist, vor allem dann, wenn das verfolgte wettbewerbspolitische Leitbild nicht die vollkommene Konkurrenz ist. Die den öffentlichen Unternehmen unterstellte wettbewerbsanregende Funktion ist auf eine funktionsfähige Konkurrenz auszurichten, die selbst als Voraussetzung u. a. gute ökonomische Marktergebnisse fordert, ohne auf die Zahl der Anbieter abzustellen. Es drängt sich der Schluß auf, daß öffentlichen Unternehmen im Rahmen einer polypolistischen Marktform der Rang eines wettbewerbspolitischen Mittels abzustreiten ist oder sie im äußersten Falle als gering wirkendes, schwerlich vom Erfolg her zu bestimmendes Mittel anzusehen sind.

5.2.3. Abhängigkeit der Wirkung öffentlicher Unternehmen von der Güter- und Leistungsart

Eine generelle wettbewerbspolitische Funktion öffentlicher Unternehmen ist nicht vorfindbar. Die wettbewerbsergänzende, die wettbewerbsordnende sowie die Anpassungsfunktion öffentlicher Unternehmen an das wohlfahrtsökonomische Modell sind aufgrund des heterogenen Charakters der Unternehmen nicht auf ein einzelnes Unternehmen zu vereinigen, denn die wesentlichen Betätigungsfelder gemeinwirtschaftlicher Unternehmen entbehren einen marktwirtschaftlich organisierten Wettbewerb. Diese Aussage ist auf Unternehmen vor allem zutreffend, die gemäß ihrer Zielsetzung zur Versorgung bestimmter Gruppen mit bestimmten Gütern und Leistungen beizutragen haben (z. B. Verkehrs- und Versorgungsbetriebe).

Es besteht somit eine Abhängigkeit von der Art der Güter und Dienstleistungen, die durch gemeinwirtschaftliche Unternehmen angeboten werden. Gründe hierzu werden oftmals in der notwendigen, sicherzustellenden Versorgung wie auch in einer optimalen Faktorallokation gesehen. Und warum soll dort Wettbewerb betrieben werden, wo z. B. Ressourcen einer Verschwendung ausgesetzt wären? Es sind hier technisch-ökonomische Besonderheiten, die die Unternehmen, z. B. in der Energiewirtschaft, von direktem Wettbewerb und potentieller Konkurrenz freigehalten und auf diese Weise zur Realisierung der verfolgten Ziele beitragen können.

5. Wirkung öffentlicher Unternehmen

Das Rheinisch-Westfälische Elektrizitätswerk AG, Essen, z. B., das sich zu 100 % im Eigentum der öffentlichen Hand befindet[64], entzieht sich sogar durch die besondere Eigenart des hergestellten Gutes dem Substitutionswettbewerb, „da Strom in den meisten Anwendungsbereichen eine ungefährdete Stellung innehat"[65]. Die Monopolkommission empfahl u. a. auch in diesem exemplarischen Fall, bei fehlendem Substitutionsprozeß zwischen den leitungsgebundenen Energieträgern und gleichzeitiger Entziehung der marktwirtschaftlichen Steuerung, eine Unterstellung noch privater Anbieter unter staatliche Aufsicht mit einer Kontrolle der Investitions- und auch der Preispolitik zur Erhöhung der Versorgungssicherheit[66].

In diesen natürlichen Wettbewerbsausnahmebereichen, die nach Hamm komplizierte Fragen aufwerfen, „die nicht generalisierend beantwortet werden können"[67], sollte der Substitutionswettbewerb als Instrument zur Realisierung der ökonomischen Freiheit und anderer, volkswirtschaftlicher Zielsetzungen (z. B. Leistungsverbesserung, wachstumsfördernde Faktorallokation) eingesetzt werden, ansonsten bleibe nur eine bürokratische Überwachung marktbeherrschender Unternehmen[68], die noch dann, wenn sie sich in öffentlicher Trägerschaft befinden, nicht in den Anwendungsbereich des GWB fallen.

Die erkennbare Abhängigkeit der Wirkung öffentlicher Unternehmen von der Art der (des) angebotenen Leitung(Gutes) läßt berechtigte Zweifel an einer generellen Übernahme wettbewerbspolitischer Funktionen durch öffentliche Unternehmen zu. Technisch-ökonomische Besonderheiten bedingen eine zweckgerichtete Auswahl der wirtschaftspolitischen Mittel. Fraglich ist hier, ob gerade durch gemeinwirtschaftliche Unternehmen als Mittel das gewünschte Ziel zu erreichen ist oder ob dem Staat andere, mit günstigerer Wirkungsprognose versehene wirtschaftspolitische Alternativen zur Verfügung stehen. „Erst wenn sich das öffentliche Produktionsmitteleigentum anderen konkurrierenden wirtschaftspolitischen Mitteln als überlegen erweisen sollte, ist es zu vertreten, wenn sich der Staat oder die Gemeinde öffentlicher Unternehmen bedienen[69]."

---

[64] Vgl. Hauptgutachten 1973/1975 der Monopolkommission I, Mehr Wettbewerb ist möglich, Baden-Baden 1976, S. 681.

[65] Ebd.: S. 431, Ziffer 789.

[66] Vgl. Hauptgutachten 1973/1975 der Monopolkommission I, Mehr Wettbewerb ist möglich, Baden-Baden 1976, S. 433, Ziffer 797.

[67] *Hamm*, Walter: Wettbewerb oder Interventionen als Regulativ der Branchenstruktur?, in: 25 Jahre Marktwirtschaft in der Bundesrepublik Deutschland, Hrsg.: D. Cassel / G. Gutmann / H. J. Thieme, Stuttgart 1972, S. 128.

[68] Vgl. *ders.:* S. 128.

[69] *Hamm*, Walter: Wettbewerb oder Intervention als Regulativ der Branchenstruktur? S. 128.

5.2.4. Konkurrenzfähige Größe gemeinwirtschaftlicher Unternehmen als notwendige Voraussetzung zum Mitteleinsatz

Ist ein gemeinwirtschaftliches Unternehmen dazu auserkoren, bestimmte wettbewerbspolitische Funktionen zu übernehmen, so z. B. als Bahnbrecher oder als Mittel zur Annäherung des Wettbewerbs an das verfolgte wettbewerbspolitische Leitbild, so kann eine Übernahme obiger Funktionen nur dann gewährleistet werden, wenn es über einen hinreichenden Marktanteil verfügt. Hinreichend bedeutet hier, daß die wettbewerbspolitische Wirksamkeit zumindest eine oligopolistische Stellung des öffentlichen Anbieters voraussetzt und nicht die Stellung eines als Mengenanpassers handelnden Polypolisten. Eine wettbewerbsordnende Funktion öffentlicher Unternehmen verbleibt demnach, wie bereits festgestellt, nur in geringem Umfang im Oligopol. Um diese Oligopolistenstellung und die damit verbundenen Marktbeeinflussungsmöglichkeiten zu behalten, ist es für den gemeinwirtschaftlichen Anbieter angezeigt, „... ebenso wie die anderen Unternehmungen desselben Zweiges (zu) expandieren"[70].

Setzt man gemeinwirtschaftliche Unternehmen als ordnungspolitisches Mittel ein, sind die wirtschaftlichen Bedingungen für das gemeinwirtschaftliche Unternehmen den privatwirtschaftlichen Unternehmen gleichzusetzen. Dies kann bedeuten, daß die sich im Wettbewerb mit privatwirtschaftlichen Anbietern befindenden gemeinwirtschaftlichen Unternehmen nicht prinzipiell auf Subventionierungen hoffen dürfen[71].

Selbst wenn diese Voraussetzungen erfüllt sein sollten, ist die den öffentlichen Unternehmen von ihren Verfechtern zugeschriebene Ordnungsfunktion nicht von der Intensität gekennzeichnet, die oftmals erhofft wurde. Erschwert wird die Realisierung einer generellen Ordnungsfunktion durch die Tatsache, daß gemeinwirtschaftliche Unternehmen heterogene Gebilde sind, die sich hinsichtlich der Trägerschaft, der Branche, des Markteinflusses etc. unterscheiden. Auch muß, selbst bei unterstellter ausreichender Größe eines gemeinwirtschaftlichen Unternehmens gesehen werden, daß aufgrund der Meßproblematik eine exakte Zurechnung des wettbewerbspolitischen Erfolges nur schwerlich anzustellen ist. An die Stelle genauer Werte treten begründete Vermutungen.

Geht man von gleichen Startbedingungen für privat- wie auch für gemeinwirtschaftliche Anbieter aus, so ergeben sich für das öffentliche Unternehmen erhebliche Schwierigkeiten bei einer Marktbeeinflussung.

---

[70] Hesselbach, Walter: Die gemeinwirtschaftlichen Unternehmen, S. 180, S. 9; Molitor, Bruno: Öffentliche Wirtschaft und Privatisierung, S. 80.
[71] Vgl. Hesselbach, Walter: Die gemeinwirtschaftlichen Unternehmen, S. 180; vgl. Molitor, Bruno: Öffentliche Wirtschaft und Privatisierung, S. 80.

Eine Neugründung eines öffentlichen Unternehmens führt sicherlich nicht zu dem gewünschten interventionistischen Erfolg. Es sind finanzielle Starthilfen sowie Subventionen in den Gründungsjahren von den Trägern zu leisten, weil nicht mit einer baldigen Erreichung des Breakeven-points zu rechnen ist.

Die Finanzierungskonzeption besitzt in diesem Stadium Dominanz. Ist das öffentliche Unternehmen bei einer möglicherweise noch sicherzustellenden Finanzierung erfolgsversprechend, so kann diese Zuversicht der Träger an nicht übersehbaren Markteintrittsschranken scheitern. Können auch diese überwunden werden, ist mit an Wahrscheinlichkeit grenzender Sicherheit davon auszugehen, daß Konkurrenzreaktionen zu einem Zeitpunkt von den privatwirtschaftlichen Anbietern zu erwarten sind, wenn das öffentliche Unternehmen nicht mehr nur als Mengenanpasser handelt, sondern eine eigene Preisstrategie zu betreiben gedenkt.

Das Auftauchen eines öffentlichen Unternehmens auf einem bisher privatwirtschaftlich organisierten Markt wird Reaktionen der privatwirtschaftlichen Anbieter hervorrufen, die sich in erster Linie gegen den neuen Wettbewerber richten werden. Ob dies aber zum Wohle einer übergeordneten Gesamtheit geschieht, kann so pauschal nicht beantwortet werden.

Diese schwierige Phase vom Gründungsbeschluß bis hin zur Stellung eines (öffentlichen) Oligopolisten, der sich möglicherweise verstärkt anderer Parameter als dem Preis bedient, kann umgangen werden, indem entweder durch Beteiligungen über sogenannte „gemischtwirtschaftliche" Unternehmen „öffentliche Interessen" verfolgt werden können. Es bietet sich andererseits der Kauf von bereits auf oligopolistischen Märkten befindlichen Unternehmen (z. B. durch andere öffentliche Unternehmen) an. Durch beide Möglichkeiten löst sich auch die Frage des technischen Know-how. Der Kauf von privatwirtschaftlichen Unternehmen direkt durch die Gebietskörperschaft(en) bietet sich aufgrund haushaltsrechtlicher Vorschriften nicht an. Eine Sozialisierung von Unternehmen der „Schlüsselindustrien" verbietet sich aufgrund der in der BRD herrschenden Wirtschaftsordnung und stünde fern ab von der verfochtenen Idee des privaten Eigentums an den Produktionsmitteln.

Verfiele man auf den Gedanken, ein öffentliches Unternehmen aufzubauen, um es zu späteren Zeitpunkten als Marktregulativ einsetzen zu können, wäre eine Berücksichtigung des Zeitaspektes angebracht. Bis nämlich ein solchermaßen erstelltes öffentliches Unternehmen wettbewerbspolitisch wirksam werden könnte, sind Veränderungen des

Marktes denkbar. Ein sich permanent wandelnder Markt (Veränderungen z. B. durch technischen Wandel, Umverteilung der Machtverhältnisse durch Konzentrationstendenzen) könnte zum prognostizierten Wirkungszeitpunkt eine andere Konstellation zeigen. Eine Zielrevision des öffentlichen Unternehmens wäre zu diesem Zeitpunkt spätestens angebracht, falls die Ziele nicht permanent im Hinblick auf die Marktsituation revidiert werden.

6. Zusammenfassung

Ausgehend von einem Wettbewerbsbegriff, der den Wettbewerb unter Anbietern zum Inhalt hat und sich an dem Leitbild der funktionsfähigen Konkurrenz orientiert, war es die Aufgabe dieser Arbeit zu ergründen, ob öffentliche Unternehmen als wettbewerbspolitisches Mittel überhaupt einsetzbar sind und welche Wirkungen durch einen solchen Einsatz gezeitigt werden. Weiterhin galt es, die Thiemeyersche Instrumentalthese zu hinterfragen[1], die besagt, daß öffentliche Unternehmen Instrumente des Trägers, also des Staates und der Gemeinden sind.

1. Entscheidet man sich für eine Wettbewerbswirtschaft, so müssen die Ziele der Wettbewerbspolitik in den Wettbewerbsbegriff aufgenommen werden. Da durch Wettbewerb Marktprozesse in Gang gesetzt werden, die sich in erwünschte und unerwünschte Prozesse unterscheiden lassen, sind die Ziele als Klassifikationsmerkmale für jene Typen von Marktprozessen heranzuziehen, die Norm der Wettbewerbspolitik sein sollen.

2. Zur Normierung des Wettbewerbs im Rahmen der praktischen Wettbewerbspolitik können nur die durch die staatliche Wettbewerbspolitik verfolgten Ziele Ausgangspunkt sein. Diese Ziele lassen sich in zwei Zielkomplexe zusammenfassen, die in Anlehnung an Hoppmann als „Freiheit des Wettbewerbs" (als gesellschaftspolitische Funktion) und „gute ökonomische Marktergebnisse" (als ökonomische Funktion) bezeichnet wurden. Beide Komplexe bedingen einander, denn erst durch die Realisierung der ökonomischen Ziele des Wettbewerbs kann die wirtschaftliche Freiheit gesichert werden.

3. Wettbewerb kann nicht Endziel sein. Der Wettbewerb befindet sich in einer Zweck-Mittel-Kette; er ist auch Mittel zur Erreichung „höherer, allgemeiner Zwecke". Ebenfalls wird er nicht als einziges Mittel zur Erreichung gesamtwirtschaftlicher Ziele denkbar.

4. Sollten sich zwischen den Zielkomplexen „Wettbewerbsfreiheit" und den „guten ökonomischen Marktergebnissen" Konfliktzustände einstellen, sind politische Entscheidungen notwendig, um eine Vorrangstellung eines Ziels zu gewährleisten.

---

[1] Thiemeyer ist zwar nicht der einzige, so jedoch einer der exponiertesten Vertreter der Instrumentalthese (s. a. S. 49—53); S. 9 Literaturhinweise zu Kapitel 4.

5. Zur Erreichung der Zielkomplexe stehen dem Staat bestimmte Mittel zur Verfügung. Diese Mittel kommen dann zum Einsatz, wenn eine Korrektur im Hinblick auf das zu verfolgende wettbewerbspolitische Leitbild erforderlich erscheint. Ein isolierter Mitteleinsatz ist wenig erfolgversprechend. Zur Erreichung der wettbewerbspolitischen Ziele ist ein Maßnahmen-(Instrumenten-)bündel anzuwenden. Zu beachten ist, daß die eingesetzten Mittel nicht in Konkurrenz zueinander stehen dürfen.

6. Eine dieser Maßnahmen bzw. Instrumente ist im Einsatz öffentlicher Unternehmen zu sehen. Öffentliche Unternehmen sind nicht dazu bestimmt, die marktwirtschaftliche Ordnung zu überwinden, sondern sie hinsichtlich des Leitbildes der „funktionsfähigen Konkurrenz" zu verbessern. Es ist aufgrund der Ergebnisorientierung der funktionsfähigen Konkurrenz nicht erforderlich, Marktwirtschaft um jeden Preis zu betreiben. Zur Erreichung politischer Ziele verhält sich also das öffentliche Unternehmen systemkonform, zumal die Entscheidungsgewalt nicht zentralisiert wird, sondern bei den gemeinwirtschaftlichen Einzelwirtschaften verbleibt.

7. Durch das Mittel „öffentliches Unternehmen" sind nur besondere wirtschafts- bzw. wettbewerbspolitische Ziele erreichbar. Öffentliche Unternehmen sind z. B. auch Mittel der Sozial- und Konjunkturpolitik.

8. Die in der Literatur vorzufindenden wettbewerbspolitischen Funktionen öffentlicher Unternehmen sind zu optimistisch beurteilt, allein aufgrund der Tatsache, daß eine Meßbarkeit des wettbewerbspolitischen Einflusses (noch) nicht gegeben ist.

9. Auch die rein preistheoretische Argumentation berechtigt nicht zu der Aussage, daß gerade auf oligopolistisch strukturierten Märkten gemeinwirtschaftliche Unternehmen Preisdruck ausüben oder für Preisstabilität sorgen können. Besonders weichen die Wettbewerber auf solchen Märkten auf andere Parameter aus, die dann nicht mehr von öffentlichen Unternehmen tangiert werden.

10. Die von Blum vermutete Belebungsfunktion des Wettbewerbs durch öffentliche Unternehmen ist ebenso reine Fiktion wie die Möglichkeit der staatlichen Erlangung von Informationen über die Kostenstrukturen der privatwirtschaftlichen Anbieter, denn diese Strukturen sind selbst innerhalb eines Wirtschaftszweiges zu heterogen (z. B. durch Standortunterschiede, technische und kapitalmäßige Ausstattung).

11. Sind alle Bedingungen für alle Unternehmen einer Branche gleich (was wohl nicht eintreffen wird), so ist Kühnes Vorstellung eines Arbeitsmusters (Yard-stick) in Verkörperung eines öffentlichen Unternehmens als richtig zu werten.

12. Die „Hecht-im-Karpfenteich-Funktion" zum Schutze der Wettbewerbsfreiheit ist keine rein ökonomische Funktion. Durch öffentliche Unternehmen als „Hechte" sollen immaterielle Werte, wie z. B. die (Wettbewerbs-) Freiheit, gefördert werden. Weisser, der als wettbewerbspolitischen Hintergrund sicherlich nicht die funktionsfähige Konkurrenz hat, bezweifelt dann auch diese Funktion in ihrer wettbewerbspolitischen Tragweite. Wie aber o. a. ist das Schaffen von Freiheitsbereichen auch wettbewerbspolitisches Ziel (in der funktionsfähigen Konkurrenz). Die Hecht-Funktion ist aber nur Vermutung, da sie nicht (in rechenbaren Größen) bestimmbar ist.

13. Aufgrund der Heterogenität des gemeinwirtschaftlichen Sektors und der differenzierten inhaltlichen Bestimmung dessen, was „Gemeinwirtschaftlichkeit" überhaupt bedeutet, ist in den Grundkonzeptionen öffentlicher Anbieter keine Einheitlichkeit erkennbar bzw. herstellbar, denn nur aus der Grundkonzeption können metaökonomische Zielsetzungen (wie z. B. die Herstellung der Wettbewerbsfreiheit) ersichtlich werden. Ebenso sind Schwierigkeiten bei der Transformation einzelwirtschaftlicher in gesamtwirtschaftliche Ziele zu vermuten.

14. Eine differenzierte Betrachtungsweise ist auch angezeigt, wenn der wirtschaftspolitische Wille der Entscheidungsträger auf die öffentlichen Unternehmen transformiert werden soll. Ein monolithischer Wille ist nicht erkennbar, da neben den Trägern des Unternehmens noch andere gesellschaftliche Gruppen versuchen werden, ihren Einfluß auf und ihre Wünsche an das öffentliche Unternehmen durchzusetzen. Diese Einflußnahme schlägt sich in der Zielsetzung öffentlicher Unternehmen nieder.

Der Dienstgedanke, der besonders von gruppenspezifischen Interessen abstrahiert, beeinflußt sicherlich nicht den instrumentalen Charakter der öffentlichen Unternehmen, obwohl diese Haltung als ideal und lobenswert zu erwähnen wäre.

15. Die weitere Untersuchung zeigte, daß die gemeinwirtschaftlichen Unternehmen nicht, wie ex ante vermutet, als „Lückenbüßer" die Funktion übernehmen, die sie übernehmen sollten. Das Erbringen einer additiven Leistung (Leistung, die nicht erbracht werden soll, kann oder darf) zu den in erwerbswirtschaftlicher Art erbrachten Leistungen ist zwar denkbar, aber das wünschenswerte Ausmaß der öffentlich-wirtschaftlichen Betätigung ist nicht zu bestimmen. Öffentliche Unternehmen als Mittel stehen hier in starker Konkurrenz zu den anderen wettbewerbspolitischen Mitteln, um ein mit Schwächen durchwirktes Marktgeschehen im Hinblick auf gesellschaftspolitische Ziele zu verwirklichen.

6. Zusammenfassung

Die relative Begründung für eine (wenn auch vom Ausmaß her nicht zu bestimmende) staatswirtschaftliche Tätigkeit wurde durch die Diskussion um die Theorie der öffentlichen Güter zu geben versucht.

16. Durch die Anpassungsfunktion öffentlicher Unternehmen an die Optimalbedingungen des wohlfahrtsökonomischen Modells wurde deutlich, welche Schwierigkeiten sich ergeben, wollte man den Abstraktionsgrad des unterstellten Modells verringern. Die Realität mit ihren vielgestaltigen wirtschaftlichen und sozialen Beziehungen läßt die Unfruchtbarkeit rein modelltheoretischer Betrachtungen für die praktische Wettbewerbspolitik erahnen. Der Anspruch, daß der einzelne Bürger bester Richter in eigener Sache ist, muß in der allzu idealistischen Konzeption, die auf Rittig zurückzuführen ist, scheitern. Thiemeyers Behauptung, daß es sich hier um einen „naturalistischen" Trugschluß von dem, was ist, auf das, was sein soll, handelt, besitzt für diese Funktion Wahrheitscharakter.

17. Gewisse wettbewerbspolitische Funktionen sind öffentliche Unternehmen im Sinne des funktionsfähigen Wettbewerbs wahrzunehmen in der Lage. Sollten öffentliche Unternehmen eine Bahnbrecherrolle innehaben, können sie einerseits die durch den Vorsprung gewonnenen Monopolrenten nicht eigen-, sondern gemeinnützigen Zwecken zur Disposition zuführen. Das öffentliche Unternehmen bzw. seine Träger und/oder Leiter ist/sind in aller Regel nicht an einer Aufrechterhaltung einer temporären Monopolstellung interessiert; durch Publikationen, Angebotsausweitung etc. können sich (privatwirtschaftliche) Anbieter auf einem Markte einfinden, um so zur Realisierung der durch Wettbewerb zu erreichenden Ziele beizutragen.

18. Selten mit dem Prinzip der „gegengewichtigen Marktmacht" werden die wettbewerbspolitischen Funktionen öffentlicher Unternehmen in Zusammenhang gebracht. Die oftmals an öffentliche Unternehmen gestellte Forderung, ein Machtblock bzw. ein Regulativ auf der Marktgegenseite zu bilden, ist zwar denkbar, widerspricht aber einem System einer freiheitlich orientierten (Wettbewerbs-)Wirtschaft.

Auch sind die Aufwendungen zur Bildung eines marktmächtigen Blocks in Rechnung zu stellen, wobei sich dann die Frage nach effizienteren, billigeren, schneller wirkenden und mit der Wirtschaftsordnung und der Verfassung einhergehenden alternativen Instrumenten stellt.

Die Erreichung des Ziels der Wettbewerbsfreiheit ist ebenso nicht zu gewährleisten. Die Machtproblematik wird durch die staatliche Akkumulation von Eigentum an Produktionsmitteln nicht beseitigt, sondern in öffentliche Hände verlagert.

19. Die Wirkungsweise öffentlicher Unternehmen als Instrument ist im Zeitablauf zu sehen, denn Interventionen besitzen ex ante-Charakter. Durch zukünftige Unwägbarkeiten wird eine Wirkungsprognose erheblich erschwert. Das nur sektoral als wettbewerbspolitisches Instrument eingesetzte öffentliche Unternehmen erweist sich dann als ein zu starres Instrument; im Zeitablauf flexiblere Mittel (wie z. B. die Notenbankpolitik) müssen an seine Stelle treten.

20. Die Ordnungsfunktion öffentlich-gemeinwirtschaftlicher Anbieter kommt auf einem monopolistisch strukturierten Markt kaum zum Tragen. Auch besteht nicht die Gewähr, daß sich öffentliche Monopolisten anderer Verhaltensweisen als privatwirtschaftliche Monopolisten befleißigen.

Der im Gegensatz zum privatwirtschaftlichen Monopolisten vorgeschriebene Gewinnverzicht führt zu Fehlallokationen der Produktionsmittel. Bei notwendiger Subventionierung werden Kapitalmittel einem ertragreicheren Einsatz in einer Volkswirtschaft vorenthalten.

21. Eine Steuerung des Aktionsparameters „Preis" des Monopolisten kann durch das sogenannte „Als-ob-Prinzip" gegeben sein. Es sind dann nur Preise zu fordern, die bei funktionierendem Wettbewerb gefordert worden wären. Schwierigkeiten bestehen aber hier bei der Findung eines Maßstabes.

22. Wenn schon marktordnende Wirkungen öffentlicher Unternehmen zu verzeichnen sind, dann nur, wenn auch unter Einschränkungen, in der Marktform des Oligopols, denn bei überall nicht ausgelasteten Kapazitäten besitzt die Preissenkung durch den öffentlichen Anbieter die Wirkung, daß sich die privatwirtschaftlichen Anbieter zur Vermeidung von Marktanteilsverlusten einer Preissenkung anschließen. Ist jedoch ein Präferenzwettbewerb erkennbar (der als die wettbewerbspolitische Realität anzusehen ist), so ordnen sich die schwächeren den am stärksten eingeschätzten Oligopolisten unter. Bei einer Beeinflussungsmöglichkeit muß der öffentliche Oligopolist folglich zu den stärkeren Anbietern zu rechnen sein.

23. Auf polypolistisch strukturierten Märkten scheitert der Interventionseinsatz öffentlicher Unternehmen aufgrund der geringen Beeinflussungsmöglichkeiten des Marktgeschehens.

24. In Wettbewerbsausnahmebereichen (z. B. begründet aufgrund technisch-ökonomischer Besonderheiten) ist die wettbewerbspolitische Wirkung öffentlicher Unternehmen in Zweifel zu stellen. Zweifel an der generellen Übernahme wettbewerbspolitischer Funktionen in Wettbewerbsausnahmebereichen sind in der Güter- und Leistungsart begrün-

det. Zwar kann mitunter durch Substitutionswettbewerb Einfluß auf die in den Ausnahmebereichen tätigen Unternehmen ausgeübt werden. Ist hier keine wettbewerbspolitische Wirkung erzielbar, verbleibt nur noch eine bürokratische Überwachung der Unternehmen.

25. Probleme hinsichtlich der wettbewerbspolitischen Wirksamkeit sind in der erforderlichen Größe öffentlicher Anbieter zu finden. Da die Wirksamkeit mit Einschränkungen auf oligopolistischen Märkten gegeben sein kann, müssen folglich die öffentlichen Anbieter gewisse Marktanteile auf sich vereinigen. Dies erfordert neben der Lösung des technischen Know-how die Lösung finanztechnischer Fragen. Auch sind von den privatwirtschaftlichen Anbietern Abwehrmaßnahmen nicht auszuschließen. Günstiger wäre der Kauf oder die Beteiligung von bzw. an privatwirtschaftlichen Unternehmen, die bereits über einen zur Beeinflussung des Marktgeschehens hinreichenden Marktanteil verfügen.

26. Die rein formale Feststellung, daß öffentliche Unternehmen als Instrumente zur Realisierung wettbewerbspolitischer (und anderer) Aufgaben geeignet sind, reicht nicht aus. Es sind die Zwecke operational zu bestimmen, die durch öffentliche Unternehmen zu erreichen sind.

Es sollte aufgezeigt werden, daß sich das wettbewerbspolitische Interventionsziel (zur Annäherung an das verfolgte wettbewerbspolitische Leitbild) nur in Grenzen feststellen läßt. Die in der Literatur aufgeführten Anwendungsmöglichkeiten des Mittels „öffentliches Unternehmen" fußen zu sehr auf modelltheoretischen Überlegungen, als das öffentliche Unternehmen als wettbewerbspolitisches Universalwerkzeug wirken können. Ebenso sind die Unwägbarkeiten hinsichtlich der Wirkung öffentlicher Unternehmen nicht dazu angetan, sie als Instrumente einzusetzen. Dazu bieten sich den Entscheidungsträgern genügend andere Möglichkeiten der wettbewerbspolitischen Steuerung bzw. Beeinflussung des Marktgeschehens an.

Literaturverzeichnis

Andreae, C.-A.: Das Prinzip der gegengewichtigen Marktmacht als Ansatzpunkt für die Wettbewerbspolitik, in: Grundlagen der Wettbewerbspolitik, Hrsg.: H. K. Schneider, Schriften des Vereins für Socialpolitik, N. F. Bd. 48, Berlin 1968, S. 71 ff.

Arndt, H.: Mikroökonomische Theorie, Bd. II, „Marktprozesse", Tübingen 1966.

Backhaus, J.: Eine politsch-ökonomische Theorie der öffentlichen Unternehmung, Konstanz 1980.

Beyer, H.-J.: Gemeinwirtschaft und Marktwirtschaft. Die Funktionen eines gemeinwirtschaftlichen Sektors im Rahmen eines marktwirtschaftlichen Systems, Diss., Marburg/Lahn 1973.

Blum, R.: Der Wettbewerb im wirtschaftspolitischen Konzept, in: Zeitschrift für die gesamte Staatswissenschaft, 121. Bd., Heft 1, 1965, S. 60 ff.

Clark, J. M.: Competition as a Dynamic Process, Washington D. C. (The Brookings Institution) 1961.

Cox, H.: Analyse und Theorie der einzelwirtschaftlichen Strukturen als Gegenstand der Unternehmensmorphologie, in: Archiv für öffentliche und freigemeinnützige Unternehmen, Bd. 8, Heft 4, 1967, S. 289 ff.

Dieck, M.: Sind die gemeinwirtschaftlichen Unternehmen in die Konzeption der Wirtschafts- und Gesellschaftspolitik der Bundesrepublik Deutschland integriert? Ein Nachtrag, in: Annalen der Gemeinwirtschaft, 39. Jg., Heft 4, 1970, S. 393 ff.

Eichhorn, P.: Grundlagen einer gemeinwirtschaftlichen Erfolgsrechnung für Unternehmen, Frankfurt a. M. 1974.

Engels, W.: Soziale Marktwirtschaft, Stuttgart-Degerloch 1972.

Eucken, W.: Grundlagen der Nationalökonomie, 6. Aufl., Berlin — Göttingen — Heidelberg 1950.

Eynern, G. von: Grundriß der politischen Wirtschaftslehre, Köln und Opladen 1968.

Flohr, H.: Debatte über die Erfolgswürdigung, in: Annalen der Gemeinwirtschaft, 34. Jg., Doppelheft 2/3, 1965, S. 323 ff.

Frank, J. / *Roloff*, O. / *Widmaier*, H. P.: Entscheidungen über öffentliche Güter, in: Jahrbuch für Sozialwissenschaft, Hrsg.: Harald Jürgensen u. a., Bd. 24, Heft 1, 1973, Göttingen 1973, S. 1 ff.

Friedman, M.: Kapitalismus und Freiheit, Stuttgart 1971.

Gäfgen, G.: Einleitung des Herausgebers, in: Grundlagen der Wirtschaftspolitik, Köln — Bonn 1966.

Galbraith, J. K.: Der amerikanische Kapitalismus im Gleichgewicht der Wirtschaftskräfte, Stuttgart 1956.

— Gesellschaft im Überfluß, München 1959.

Garbe, G.: Administrierte Preise als Steuerungsinstrument, in: Finanzierung öffentlicher Unternehmen, Festschrift für Paul Münch, Hrsg.: Peter Eichhorn und Theo Thiemeyer, Baden-Baden 1979, S. 105 ff.

Geiger, H.: Sparkassen: Öffentliche Aufgabe im Wettbewerb, in: Öffentliche Wirtschaft und Gemeinwirtschaft, 27. Jg., 1978, S. 136 ff.

Grochla, E.: Unternehmensorganisation, Bd. I, Reinbek 1972.

Günther, E.: Wettbewerbspolitik in einer freien Gesellschaft, in: Wirtschaft und Wettbewerb, Heft 2, 1964, S. 111 ff.

Hamm, W.: Kollektiveigentum. Die Rolle öffentlicher Unternehmen in der Marktwirtschaft, Heidelberg 1961.

— Wettbewerb oder Interventionen als Regulativ der Branchenstruktur?, in: 25 Jahre Marktwirtschaft in der Bundesrepublik Deutschland, Hrsg.: D. Cassel / G. Gutmann / H. J. Thieme, Stuttgart 1972.

Hauptgutachten 1973/1975 der Monopolkommission I: Mehr Wettbewerb ist möglich, Baden-Baden 1976.

Hax, K.: Die öffentliche Unternehmung in der Marktwirtschaft, in: Finanzarchiv, Bd. 27, N. F., 1968, Heft 1/2, S. 37 ff.

Hayek, F. A. von: Individualismus und wirtschaftliche Ordnung, Erlenbach — Zürich 1952.

Henke, K.-D.: Öffentliche Ausgaben und Verteilungswirkungen, in: Hamburger Jahrbuch für Wirtschafts- und Gesellschaftspolitik, Jg. 20, Tübingen 1970, S. 177 ff.

Hesselbach, W.: Die gemeinwirtschaftlichen Unternehmen. Instrumente gewerkschaftlicher und genossenschaftlicher Struktur- und Wettbewerbspolitik, Frankfurt a. M. 1971.

— Mittler zwischen Privaten und dem Staat, in: Öffentliche Wirtschaft und Gemeinwirtschaft, 27. Jg., 1978, S. 11 f.

Heuß, E.: Grundelemente der Wirtschaftsordnung, Göttingen 1970.

Himmler, U.: Öffentlich-rechtliche Wettbewerbsbeschränkungen, Köln — Berlin — Bonn — München 1967.

Hodel, A.: Zielorientierte Erfolgsermittlung für öffentlich-gemeinwirtschaftliche Unternehmen, Diss., Bochum 1976.

Hoppmann, E.: Das Konzept der optimalen Wettbewerbsintensität, in: Jahrbücher für Nationalökonomie und Statistik, Bd. 179, Stuttgart 1966, S. 286 ff.

— Wettbewerb als Norm der Wettbewerbspolitik, in: ORDO, 18. Band, Düsseldorf und München 1967, S. 77 ff.

— „Neue Wettbewerbspolitik." Vom Wettbewerb zur staatlichen Mikro-Steuerung, in: Jahrbücher für Nationalökonomie und Statistik, Bd. 184, Stuttgart 1970, S. 397 ff.

— Workable Competition als wettbewerbspolitisches Konzept, in: Theoretische und institutionelle Grundlagen der Wirtschaftspolitik, Theodor Wessels zum 65. Geburtstag, Hrsg.: Hans Besters, Berlin 1967, S. 145 ff.

Immenga, U.: Die wettbewerbspolitischen Ausnahmebereiche als Gegenstand staatlicher und privatwirtschaftlicher Regelungen; ein ordnungspolitisches Problem, in: 25 Jahre Marktwirtschaft in der Bundesrepublik Deutschland, Hrsg.: D. Cassel / G. Gutmann / H. J. Thieme, Stuttgart 1972, S. 148 ff.

Sachverständigenrat zur Begutachtung der gesamtwirtschaftlichen Entwicklung, Jahresgutachten 1971, Bundesratsdrucksache 662/71.

Kähne, O.: Sozialökonomische Grundlagen der Bestimmung betriebswirtschaftlich operationaler Zielkonzeptionen bei öffentlichen gemeinwirtschaftlichen Betriebswirtschaften, Diss., Berlin 1974.

Kantzenbach, E.: Die Funktionsfähigkeit des Wettbewerbs. Wirtschaftspolitische Studien, Heft 1, Hrsg.: Harald Jürgensen, Göttingen 1966.

— Das Konzept der optimalen Wettbewerbsintensität, in: Jahrbücher für Nationalökonomie und Statistik, Bd. 181, 1967, S. 193 ff.

Kühne, K.: Das gemeinwirtschaftliche Unternehmen als Wettbewerbsfaktor, Frankfurt a. M. 1971.

— Funktionsfähige Konkurrenz. Monopolistische Restriktion und Wettbewerbsproblem in der modernen Wirtschaft, erschienen in der Reihe „Volkswirtschaftliche Schriften", Heft 39, Berlin 1958.

— Sinn und Verantwortung öffentlicher Kontrolle, in: Handbuch der öffentlichen Wirtschaft, 1. Bd., Hrsg.: Gewerkschaft Öffentliche Dienste, Transport und Verkehr, Stuttgart 1960, S. 20 ff.

Loesch, A. von: Die wirtschafts- und gesellschaftspolitischen Funktionen gemeinwirtschaftlicher Unternehmen, in: Gewerkschaftliche Monatshefte, 23. Jg., 1972, Heft 3, S. 141 ff.

— Möglichkeiten und Grenzen gemeinwirtschaftlicher Unternehmenskonzeptionen, in: Gemeinwirtschaft im Wandel der Gesellschaft, Festschrift zum 75. Geburtstag von Hans Ritschl, Hrsg.: G. Rittig u. H.-D. Ortlieb, Berlin 1972, S. 75 ff.

— Neue Ansätze zu einer Theorie der Gemeinwirtschaft, in: Wirtschaftsdienst, 52. Jg., 1972, S. 146 ff.

— Die gemeinwirtschaftlichen Unternehmen der deutschen Gewerkschaften, Köln 1979.

— Zur Diskussion um die Ziele und die Erfolge von Unternehmen, in: Archiv für öffentliche und freigemeinnützige Unternehmen, Bd. 10, Heft 3/4, 1974, S. 213 ff.

Lamby, W.: Steuerungen der Strukturen über den Markt, in: Öffentliche Wirtschaft und Gemeinwirtschaft, 27. Jg., 1978, S. 50 f.

Lösenbeck, H.-D.: Die Preisbildung öffentlicher Unternehmen, Diss., Göttingen 1962.

Lutz, F. A.: Bemerkungen zum Monopolproblem, in: ORDO, Bd. 8, Düsseldorf und München 1956, S. 30 ff.

Marth, K.: Stabilität durch Begrenzung wirtschaftlicher Macht, in: Gewerkschaftliche Monatshefte, 27. Jg., 1976, S. 587 ff.

Mestmäcker, E.-J.: Probleme des Bestmöglichen in der Wettbewerbspolitik, in: Probleme der normativen Ökonomik und der wirtschaftspolitischen Beratung, Hrsg.: E. v. Beckerath, H. Giersch i. V. m. Heinz Lampert, Schriften des Vereins für Socialpolitik, Bd. 29, N. F., Berlin 1963, S. 305 ff.

— Wettbewerbspolitik in der Industriegesellschaft, in: Zeitschrift für die gesamte Staatswissenschaft, 129. Bd., Heft 1, S. 89 ff.

Miksch, L.: Verstaatlichung der Produktionsmittel in der Morphologie der Wirtschaftsordnungen, in: Untersuchungen zur sozialen Gestaltung der Wirtschaftsordnung, Hrsg.: W. Weddigen, Schriften des Vereins für Socialpolitik, Bd. 2, N. F., Berlin 1950, S. 85 ff.

Molitor, B.: Öffentliche Leistungen in verteilungspolitischer Sicht, in: Zeitschrift für Wirtschafts- und Sozialwissenschaften, 93. Jg., 1973, Heft 2, S. 147 ff.
— Öffentliche Wirtschaft und Privatisierung, in: Hamburger Jahrbuch für Wirtschafts- und Gesellschaftspolitik, 6. Jg., 1960, S. 77 ff.
Müller-Armack, A.: 'Wirtschaftsforschung und Wirtschaftspolitik, Freiburg i. Brsg. 1966.
Musgrave, R. A.: Finanztheorie, Tübingen 1966.
Oettle, K.: Grundfragen öffentlicher Betriebe, Bd. I der Schriften zur öffentlichen Verwaltung und öffentlichen Wirtschaft, Baden-Baden 1976.
Ogurreck, P.: Staat kein Ersatz für Unternehmen, in: Öffentliche Wirtschaft und Gemeinwirtschaft, 29. Jg., 1980, S. 59 ff.
o. V.: Gemeinwirtschaft: Ja zur Marktwirtschaft, in: Öffentliche Wirtschaft und Gemeinwirtschaft, 27. Jg., 1978, S. 94 ff.
Paulsen, A.: Allgemeine Volkswirtschaftslehre, Bd. III, Stuttgart 1969.
Püttner, G.: Die öffentlichen Unternehmen, Bad Homburg v. d. H. — Berlin — Zürich 1969.
Pütz, Th.: Die wirtschaftspolitische Konzeption, in: Zur Grundlegung wirtschaftspolitischer Konzeptionen, Hrsg.: H.-J. Seraphim, Schriften des Vereins für Socialpolitik, Bd. 18, N. F., Berlin 1960, S. 9 ff.
— Die wirtschaftspolitische Konzeption, in: Wirtschaftsfragen der freien Welt, Festschrift zum 60. Geburtstag von Ludwig Erhard, Frankfurt a. M. 1957, S. 45 ff.
— Grundlagen der theoretischen Wirtschaftspolitik, Stuttgart 1971.
Rieger, H. R. W.: Der Güterbegriff in der Theorie des Qualitätswettbewerbs, Berlin 1962.
Riese, H.: Wohlfahrt und Wirtschaftspolitik, Reinbek 1975.
Ritschl, H.: Artikel „Unternehmungen, öffentliche", in: HdSW, Bd. 10, Stuttgart — Tübingen — Göttingen 1959, S. 506 ff.
Rittig, G.: Die Definitionen des Terminologie-Ausschusses der Gesellschaft zur Förderung der öffentlichen Wirtschaft, Bericht und Bemerkungen, in: Archiv für öffentliche und freigemeinwirtschaftliche Unternehmen, Bd. 1, 1954, S. 214 ff.
— Theoretische Grundlagen der Sozialisierung, in: Untersuchungen zur sozialen Gestaltung der Wirtschaftsordnung, Hrsg.: W. Weddigen, Schriften des Vereins für Socialpolitik, Bd. 2, N. F., Berlin 1950, S. 143 ff.
Röper, B.: Die Wettbewerbsfunktion gemeinwirtschaftlicher Unternehmen in Theorie und Praxis, in: Gemeinwirtschaft im Wandel der Gesellschaft. Festschrift für Hans Ritschl zu seinem 75. Geburtstag, Hrsg.: Gisbert Rittig und Heinz Dietrich Ortlieb, Berlin 1972, S. 113 ff.
Röpke, W.: Wettbewerb II, Ideengeschichtliche und ordnungspolitische Stellung, in: HdSW, Bd. 12, Stuttgart — Tübingen — Göttingen 1962, S. 33 ff.
Schmidt, I.: Neuere Entwicklungen in der Wettbewerbstheorie unter Berücksichtigung wachstumspolitischer Zielsetzungen, in: Wirtschaft und Wettbewerb, 16. Jg., 1966, Heft 7/8, S. 699 ff.
— US-amerikanische und deutsche Wettbewerbspolitik gegenüber Marktmacht, Berlin 1969.
— Zum Begriff des Preiswettbewerbs nach § 16 GWB, in: Wirtschaft und Wettbewerb. 14. Jg., 1964, Heft 2, S. 120 ff.

— Zum Nachweis des Mißbrauchs einer rechtlichen oder faktischen Wettbewerbsbeschränkung, in: Wirtschaft und Wettbewerb, 17. Jg., 1967, Heft 10, S. 635 ff.

Schmidt, K.: Kollektivbedürfnisse und Staatstätigkeit, in: Theorie und Praxis des finanzpolitischen Interventionismus, F. Neumark zum 70. Geburtstag, Hrsg.: H. Haller u. a., Tübingen 1970, S. 3 ff.

Schmidt, R.-B.: Die Instrumentalfunktion der Unternehmung — Methodische Perspektiven zur betriebswirtschaftlichen Forschung, in: ZfbF, 19. Jg., 1967, S. 233 ff.

Schmidtchen, D.: Für eine konsequente Wettbewerbspolitik und über die Wege dorthin: Bemerkungen zum Wettbewerbsverständnis des Sachverständigenrates, in: Zeitschrift für die gesamte Staatswissenschaft, 129. Bd., 1973, Heft 1, S. 102 ff.

Schmölders, G.: Erfolgsmaßstäbe neuzeitlicher Wirtschaftspolitik, in: Methoden und Probleme der Wirtschaftspolitik, Gedächtnisschrift für H.-J. Seraphim, Hrsg.: H. Ohm, Berlin 1964, S. 87 ff.

Schürholt, H.: Gemeinwirtschaftsprinzip und Preisbildung bei öffentlichen Unternehmen aus gesamtwirtschaftlicher Sicht. Berlin 1979.

Schulz, W.: Gemeinwirtschaft als unternehmerische Zielsetzung, in: ZfB, 49. Jg., 1979, Heft 8, S. 743 ff.

Schumpeter, J. A.: Theorie der wirtschaftlichen Entwicklung, Berlin 1952.

Schuster, H.: Wettbewerbspolitik, München 1973.

Spohn, K.: Der ökonomische Charakter der „öffentlichen Unternehmung", in: Finanzarchiv, 1950, Nr. 51, S. 300 ff.

Stefani, G.: Debatte über die Erfolgswürdigung, Diskussionsbeitrag, in: Annalen der Gemeinwirtschaft, 34. Jg., 1965, Doppelheft 2/3, S. 316 ff.

Terminologie-Ausschuß: Die Definitionen des Terminologie-Ausschusses der Gesellschaft zur Förderung der öffentlichen Wirtschaft, in: Archiv für öffentliche und freigemeinwirtschaftliche Unternehmen, Bd. 1, 1954, Heft 3, S. 276 ff.

Thiemeyer, Th.: Debatte über die Erfolgswürdigung bei gemeinwirtschaftlichen Unternehmen, in: Annalen der Gemeinwirtschaft, 34. Jg., 1965, Heft 4, S. 251 ff.

— Gemeinwirtschaft in Lehre und Forschung, Frankfurt a. M. und Köln 1974.

— Gemeinwirtschaftlichkeit als Ordnungsprinzip, Berlin 1970.

— Grenzkostenpreise bei öffentlichen Unternehmungen, Köln und Opladen 1964.

— Marktwirtschaft und Gemeinwirtschaft. Versuch einer dogmengeschichtlichen Ortsbestimmung von Hans Ritschls Theorie der Gemeinwirtschaft, in: Gemeinwirtschaft im Wandel der Gesellschaft, Festschrift zum 75. Geburtstag von Hans Ritschl, Hrsg.: G. Rittig u. H.-D. Ortlieb, Berlin 1972, S. 33 ff.

— Unternehmensmorphologie. Methodische Vorbemerkungen zur Bildung praxisbezogener Betriebstypen, in: Archiv für öffentliche und freigemeinnützige Unternehmen, Bd. 10, 1968—69, Heft 1/2, S. 92 ff.

— Von „Messen" keine Rede, in: Wirtschaftswoche, 27. Jg., 1973, Nr. 23, S. 35 ff.

— Wirtschaftslehre öffentlicher Betriebe, Reinbek 1975.

— Zur Theorie der Gemeinwirtschaft in der Wirtschaftswissenschaft, in: Gewerkschaftliche Monatshefte, 23. Jg., 1972, Heft 3, S. 129 ff.
— Die Theorie der gemeinwirtschaftlichen Betriebe in ihrer Entwicklung und ihrer heutigen Gestalt, in: ZfB, 49. Jg., 1979, Heft 8, S. 747 ff.

Topitsch, E.: Sprachlogische Probleme der sozialwissenschaftlichen Theorienbildung in: Logik der Sozialwissenschaften. Hrsg.: E. Topitsch, 8. Aufl., Köln 1972, S. 17 ff.

Van der Bellen, A.: Öffentliche Unternehmen zwischen Markt und Staat, Köln 1977.

Vygen, K.: Öffentliche Unternehmen im Wettbewerbsrecht der EWG, Köln — Berlin — Bonn — München 1967.

Wallraff, H.-J.: Aktuell-funktionale Gemeinwirtschaft, Frankfurt a. M. 1971.

Weippert, G.: Zur Problematik der Zielbestimmung in wirtschaftspolitischen Konzeptionen (Korreferat zu den Ausführungen von Prof. Dr. E. Willeke), in: Zur Grundlegung wirtschaftspolitischer Konzeptionen, Hrsg.: H.-J. Seraphim, Schriften des Vereins für Socialpolitik, Bd. 18, N. F. Berlin 1960, S. 175 ff.

Weisser, G.: Die Lehre von den gemeinwirtschaftlichen Unternehmen, in: Archiv für öffentliche und freigemeinwirtschaftliche Unternehmen, Bd. 1, 1954, S. 9 ff.

— Die Unternehmensmorphologie — nur Randgebiet? — Bemerkungen zu ihrer Erkenntniskritik und Methodologie, in: Archiv für öffentliche und freigemeinnützige Unternehmen, Bd. 8, 1966, S. 1 ff.

— Einzelwirtschaftspolitik, in: Ökonomische und sozialpolitische Themen zur Gemeinwirtschaft, Hrsg.: IFIG, Festschrift für Edgard Milhaud, Lüttich 1960.

— Gemeinnützigkeit und Paritätspostulat, in: Sparkasse, Heft 22, 1964, S. 343 ff.

— Privatisierung und Genossenschaftsreform, II. Sinn und Aufgabe der öffentlichen Unternehmen, in: Archiv für öffentliche und freigemeinwirtschaftliche Unternehmen, Bd. 2, 1955—56, S. 54 ff.

— Unternehmensmorphologie und Einzelwirtschaftspolitik als betriebswirtschaftliche Disziplin der Sozialwissenschaften, in: Archiv für öffentliche und freigemeinnützige Unternehmen, Bd. 10, 1968—69, Heft 1, S. 1 ff.

Willeke, E.: Zur Problematik der Zielbestimmung in wirtschaftspolitischen Konzeptionen, in: Zur Grundlegung wirtschaftspolitischer Konzeptionen, Hrsg.: H.-J. Seraphim, Schriften des Vereins für Socialpolitik, Bd. 18, N. F., Berlin 1960, S. 115 ff.

Witte, E. u. M. v., *Hauschildt*, J.: Die öffentliche Unternehmung im Interessenkonflikt. Betriebswirtschaftliche Studie zu einer Zielkonzeption der öffentlichen Unternehmung, Berlin 1966.

Woll, A.: Das Konzept der „Workable Competition", in: WISU, 1. Jg., 1972, Heft 1, S. 17 ff.

Wysocki, K. v.: Betriebswirtschaftslehre und Staat, in: ZfbF, 18. Jg., 1966, S. 198 ff.

Zimmermann, E.: Das Experiment in den Sozialwissenschaften, Stuttgart 1972.

Printed by Libri Plureos GmbH
in Hamburg, Germany